U0594802

书山有路勤为径，优质资源伴你行
注册世纪波学院会员，享精品图书增值服务

U型理论

[日] 中土井僚·著

[日] 直子 王培杰 顾丽君·译

实践版

根本解决人和组织的
复杂问题

〈修订本〉

人と組織の問題を劇的に解決するU理論入門

电子工业出版社·
Publishing House of Electronics Industry
北京·BEIJING

人と組織の問題を劇的に解決する U 理論入門

Copyright © 2014 中土井 僚

All rights reserved.

Chinese (in simplified character only) translation copyright © 2021 Publishing House of Electronics Industry.

Chinese (in Simplified character only) translation rights arranged with CHOUTEAU NAOKO

版权贸易合同登记号　图字：01-2017-3672

图书在版编目（CIP）数据

U 型理论实践版：根本解决人和组织的复杂问题 /（日）中土井僚著；（日）直子，王培杰，顾丽君译. 一修订本. 一北京：电子工业出版社，2021.7

ISBN 978-7-121-41378-0

Ⅰ．①U… Ⅱ．①中… ②直… ③王… ④顾… Ⅲ．①企业管理 Ⅳ．①F272

中国版本图书馆 CIP 数据核字(2021)第 113211 号

责任编辑：杨洪军

印　　　刷：天津画中画印刷有限公司
装　　　订：天津画中画印刷有限公司
出版发行：电子工业出版社
　　　　　北京市海淀区万寿路 173 信箱　邮编 100036
开　　本：720×1000　1/16　印张：17.25　字数：276 千字
版　　次：2017 年 5 月第 1 版
　　　　　2021 年 7 月第 2 版
印　　次：2021 年 7 月第 1 次印刷
定　　价：69.00 元

凡所购买电子工业出版社图书有缺损问题，请向购买书店调换。若书店售缺，请与本社发行部联系，联系及邮购电话：（010）88254888，88258888。

质量投诉请发邮件至 zlts@phei.com.cn，盗版侵权举报请发邮件至 dbqq@phei.com.cn。

本书咨询联系方式：（010）88254199，sjb@phei.com.cn。

推荐序

几个月前，资深行动学习催化师王培杰老师倾力推荐我看《U型理论实践版》，她说这是她看到过的将U型方法论落地实践的杰出典范之一。带着好奇和景慕之心，我一气呵成将此书看完，印象最深刻的，不仅是作者详尽踏实的落地方法，也不仅是他八年实践中有深度和高度的思考，更有字里行间所散发出的求真的热忱、一股可以感召他人的匠心之气。

作为改革开放伊始出生的一代人，我和周围的许多同辈人见证了过去三十多年间，中国大地上发生的不可思议的发展奇迹。然而近二十年的美国和德国的旅居经历，也让我对于快速发展过程中的种种成长之痛日生忧国忧民之心。工业化的进程所带来的线性思考和组织治理方式，似乎与传统文化中的"道法自然"渐行渐远。环境、社会、人文等各个方面凸显出来的日益激化的问题，让我们不由感慨：为什么充满智慧的我们，"集体创造出了没有人想要的结果"？产业技术的日新月异似乎并不是这一切的根本解；而政商社学领导者的各种竭尽全力，又如隔靴搔痒，无法化解社会生命体的难言之隐。

中华医学告诉我们：急则治其标；缓则治其本。当 U 型理论告诉我们真正的创新来源于"暂悬"过往方式，用全新的视角观察、观察、观察，并沉到 U 的底部退省反思的时候，我们如释重负，似乎内在的体感找到了一种许可、一种科学的表达和一个方法论的印证。允许我们自己慢下来，允许我们换位到更多元跨界的视角感同身受，允许我们安于未知并进行意义构建，让内在的觉知涌现，方可快速行动和迭代。这一切似乎毫无悬念，然而正是这种平凡之中的不平凡，是我们这个时代在呼唤的，是社会生命体的健康之道。

知易行难。能够真正地"知止"——打开思维，暂悬评判；能够真正地"同理"——打开心灵，换位感知；能够真正地"放下"——打开意志，踏入未知，这是一生的修炼。如何在组织层面上集体共修、着眼于行动的源头？作者在他的书中"当头棒喝"的勇气，让我感触良多。允许不同部门的声音充分呈现、共同看见，在跌宕起伏中催生组织的未来。涅槃之后重生的喜悦和感动，让"理论"之上的人性光芒跃然而现。作为组织的未来的助产士，作者展示了从学习者到创变者到引领者的心路历程。这让我不由地想到了在中国过去这几年，奥托博士和中国团队所接触的各界组织领导者、组织发展人士、u.lab 慕课的召集人、IDEAS 跨界领袖等创变者们，他们的绽放，以及因此而成型的共创和行动。System change is an inside job（系统创变是一种内功）。

这样的一个内在的系统升级，从"自我"（打开了思维）到"生态"（打开了心灵和意志）意识的升级，是跨界、跨部门共创的基础，是打开未来的钥匙。U 型理论作为"社会技术"的操作系统，为个人、团队、组织和社会在颠覆性变革层出不穷的时代，如何通往共享价值，形成一体多面的利益共同体，共创未来，提供了方法论和实操路径。

作者的文字，让我们窥见这个系统升级在组织层面的一些生发和实践。在中国的各类组织中，我们也见证了许多极具创意又紧贴本土文化的实践方法，如阿里巴巴的"三板斧""免费午餐"的县域赋能等，无不是在实践中带着匠心打磨而成的。万物生长，一个无界的生态中，涌动的是令人叹为观止的创造力和多样性。

秋收冬藏之后，我们一起在社会土壤中脚踏泥土，静待花开。

徐莉俐

2017 年 5 月 于德国

译者序一

　　2016 年 9 月，我去中国台湾参加国际引导师协会（IAF）亚洲年会。在大会上我认识了直子，当时她正在寻找一个了解 U 型理论的引导师，来与她共同翻译日文版《U 型理论实践版》这本书。我们初步达成了共识。后来她把书的前言及目录的内容发给我。当时，我立刻被中土井的写作视角吸引住了。他从解决个人、团队和组织的"痛点"问题入手，一边讲述实践案例，一边对应讲解 U 型理论，深入浅出地诠释了 U 型理论的核心流程。而这正是我在实践 U 型理论的过程中苦苦寻找的突破点。于是我带着兴奋、带着期待接受了这本书的翻译工作。

　　中土井的这本书主要有以下几大特点。

- 以鲜活的案例贯穿始终，生动呈现了 U 的旅程

　　在开篇，中土井就以连续 27 个月亏损的凯丝美公司发生的奇迹，揭开

了 U 型理论在组织中成功运用的面纱。然后徐徐展开，一个个鲜活的案例呈现在你的面前，使你能够身临其境地感受到个人、团队、组织在面对高度复杂性问题时，是如何经历了 U 的旅程使奇迹发生的。

在书中，你会看到拉面店的老板是怎样通过"观察"注意到拉面的味道不对的；你会体会到中土井在与得帕金森病的母亲对话时是怎样进入"感知"状态，同理到母亲真正的不安的；你会跟随伏见工业高中橄榄球队在惨败给花园高中后是怎样进入"自然流现"状态，迎来"打败花园"那个未来生成的瞬间，并最终从"京都最差学校"脱胎为"日本第一"的……

- ## 深入浅出地阐述了 U 型理论七个活动的特征

中土井用全书三分之一多的篇幅，详细阐述了 U 型理论核心流程的七个活动。这是他从八年的大量实践中总结出来的成果，他对每个活动的特征都进行了清晰的阐述。

下载——再现基于过去经验形成的模式的状态。防止陷入下载情境的三个要点是：发现自己的反应是下载的诱因；发现自己陷入了下载情境；创建容易从下载中脱离的状态。

观察——进入"观察"的状态，能够发现新的信息。到达这个状态即打开了思维，是创新的第一步。但是从下载状态到观察状态是被动完成的，不能主动实现。只有当你触碰到"颠覆自己的假设及固有观念的信息"时，才能够进入观察状态。

感知——"打破自己过去的模式，超越旧有模式后看清现状"的状态。到达这个状态即打开了心灵，能够真正感知到他人"无法用语言表达的情绪、感受"。越面临高度复杂性的问题，越需要进入这种状态。

自然流现——U 型理论的核心，到达这个状态即打开了意志，深潜到 U 的底部，与正在生成的未来相遇。涌现出"我是谁""我一生的工作是什么"

这两个根本问题的答案，能够激发出个人、团队和组织的创造性，实现真正意义的创新。

结晶——经历自然流现后，澄清愿景和意图的状态。实现结晶，需要的是"接纳"，即经由自己，接纳"希望呈现"的未来。在结晶状态"调动身体的智慧"非常重要。

塑造原型、运行——着眼于"行动"，反复试错，生成结果的状态。这里不是说闷着头反复试错就可以了，而是需要你不断地连接存在于内心深处的直觉和强大的意志，不断地倾听和反馈，同时要能够对整体进行理解。在确立计划之前，付诸行动，调动大脑和心灵的智慧。

- **极具落地的个人、团队及组织的实践秘诀**

中土井介绍了在个人、团队、组织三个层面 U 型理论的实践秘诀。每个层面都详细描述了七个活动的操作步骤以及运用的工具和方法，非常具有实操性和落地性。你可以轻松地按着操作指引实践 U 的旅程。

作为引导技术和行动学习的实践者，在多年的实践中，我深深地体会到，在这样一个颠覆性变革的时代，个人和组织在面临困境、挑战时的茫然与无助，以及在苦苦寻找解决办法时的急切期望。同时，我也意识到过往方法论带来的局限，即在带领工作坊解决基于行动学习的问题时总是感觉隔靴搔痒，抓不到问题本质。奥托博士提出的 U 型理论，这个打开我们的视角、"向正在生成的未来学习"的方法论，是解决组织复杂问题的密钥。该方法论通过"暂悬"过去经验，真实"感知"现实情境并进行意义建构，允许内在觉知涌现并结晶出来，在行动的过程中迭代和优化，根本解决高度复杂性的问题，实现真正意义的变革和创新。

在此特别感谢：电子工业出版社晋晶女士协调编辑、出版等多方面的工作，使得本书能够顺利出版；MITx u.lab 合伙人、中国首席负责人徐莉俐女士提出宝贵意见并写推荐序；视觉引导师李珮玉女士妙笔生辉，使书中插图更加有生命力地呈现出来；直子与她的团队以及帮助协调的颜永兴先生。

王培杰

2017 年 5 月

译者序二

从充满希望的未来开始！

作者经过深深的纠结，在最后写下了这一断言：

"U 型理论是人类的希望！"

在下意识中，我决定翻译这本书。这本书的翻译来自我的 U 的直觉行动。握紧方向盘，在飞驰中不断思索，边跑边思考。在所有这一切结出果实之际，才厘清了很多想法及感慨。

我希望人们能够幸福地工作，在这幸福之中一定可以创造出什么。

人们一起不断创造出什么，这就是工作。

如果把生活和工作割裂开的话，人们就不能活下去。

工作，远不止是要挣出吃饭的钱。

想要做什么工作，坚持人和人之间的对话就一定能够让真正需要的东西存在下去。

怎样才能做到人和人一边对话，一边让真正想要保存下去的东西结出果实，这是我现在所期待的未来。

为了这个未来存在下去，没有常性的我坚持了两年没有放弃这本书的翻译。为什么用这么长的时间来翻译这本书？现在我还没有办法回答。也许在某一个时间点上，我会对这个问题有所领悟。

为什么引导这种不会教人们知识的工作坊会代替培训？为什么这种不可思议的事情会在咨询和研修行业中变得如此引人注目？为什么 U 型理论的影响在中国正逐渐扩大？

难道不是因为这正是今后中国商界所需要的吗？

我认为中国商界正处于重要的分水岭。我能感到真正意义上的竞争的出现，"90 后"这代前人无法理解的劳动力所带来的不安越来越多，墨守成规已经令人无法再生存下去。在这种焦虑之中每个人都在寻求答案。

人们在遭受挫折时，总想学习什么。这个"什么"可能是别人的做法、经验，也可能是某种理论，总之想从外部吸取些什么。

事实是，需要的变化越大，从外部吸取点什么试试就越起不了什么作用。有些东西如果不是全部照抄并全部付诸实施的话，变化就难以出现。

然而，人们总是不愿意全部照抄，而愿意稍做变化后再尝试。原因有很多，除了人们的价值观不同和所处利害关系的差异，还包括各种各样的偏见。很多人的变化修正最后都弄成一个非驴非马的结果。

假设照抄别人提倡的方法效果很好，但是人们互相理解并按照一定的方式去做是需要时间的，而现实是没有那么多时间。在时间加速、无法停止的现代社会，如果不能瞬间做出重大决断，机会就会转瞬即逝。

每个人都在一边烦恼，一边探求对于这个复杂社会的最合适的解答，并高速前进。可是，这样的解答在已经成文的资料里并不存在。如果存在，那也是教练们根据这样的解答应该存在于每个人的心里这一假定为前提做出的建议。

这本书是向人间智慧求解的指南书。这里没有答案,只是详细地介绍了通往答案的路径。

如果在企业遭遇不测中饱受煎熬,却抱着改变点什么并继续前行想法的中国企业领导者能够阅读这本书,我将非常高兴。

接下来就是实践的时候了。让我们一起把这本书送到所有在中国实践U型理论的伙伴的手中。

衷心感谢所有对本书给予大力支持的朋友:爽快地答应了这个策划的中土井先生,帮助汇总出版和提高文章格调的王培杰,以及在我独立后仍然提供大力帮助的泰东机械(上海)有限公司的各位、期待着本书出版的国际引导师协会(IAF)上海分会的各位、日本引导师协会(FAJ)和国际引导促进委员会(GFPC)的各位。

在我遇到困难的时候伸出援手的好朋友颜永兴、爱希(上海)企业咨询有限公司的各位、在这两年中贡献了最多时间的顾丽君、超出业务范围配合翻译工作的许建明。

朋友们、家人们,谢谢你们!

直子

2017 年 3 月 28 日

前　言

U 型理论实践版——根本解决人和组织的复杂问题

　　未来无法预测！"到底该怎么办？"对此一筹莫展的人和组织逐年增加。人们彷徨迷茫，犹豫不决。像这样遇到棘手问题的时候，人们总是期待有救世主能够站出来拯救世界。

　　如何让个人和组织避免钻进死胡同，找到一个全新的完美的解决方案呢？

　　麻省理工学院高级讲师奥托·夏莫博士创立的 U 型理论给了我们一把解开这个难题的钥匙。这本 U 型理论实践版就是一本让大家能够轻松解读 U 型理论的实践书。

　　U 型理论是在个人、团队、组织和社会层面引发过往经验延长线上从未出现过的变革、创新的原理和实践的方法论。一说到理论，就会给人纸上谈兵的感觉，但是 U 型理论的创立过程就是重视实践的结果。

本书所说的"创新"不仅指技术的革新，也包括赋予自己及自己周围事物、社区、社会有意义的新的价值，还包括带来巨大变化的自发的人、组织、社会的广泛变革。

U 型理论是麻省理工学院的奥托·夏莫博士和麦肯锡公司倾力合作，访谈世界各行业领导者之后诞生的方法论。访谈对象是 130 位世界上最富创造力的思想领袖，包括学术泰斗、创业者、企业精英、发明家、科学家、教育家、艺术家等。访谈内容是关于领导力、组织及战略的。奥托博士以当时的洞见为原型，创立了 U 型理论。之后，奥托博士亲自作为引导师在众多的组织变革及社会变革的项目中，对 U 型理论进行了更为详尽的落地实践，并使其体系化。

如上所述，U 型理论把现场的智慧集结并体系化。它着眼的不是领导者的"做法"，而是他们的"内在状态"，即产生卓越成果或创新、变革的"意识状态"。

我们知道超一流的领导者、运动员、艺术家有着非常人能及的感知力和专注力。但是单单去模仿他们的做法，根本无法取得如他们那般的成就。U 型理论认为像这些运动员超常的专注力、艺术家及创作者的创造性、演员及歌手对观众的吸引力、节目主持人的绝对气场等，所有这些的源泉都来自他们的"内在状态"。这个从内心深处涌现出来的"什么"，是根据怎样的原理引导出来的？U 型理论最大的成就就是解开了这个谜底，告诉你有意图地引导应该怎么做。

奥托博士把这种从杰出人物内心洋溢出来的状态定义为"未来生成的瞬间"，称为"自然流现"[Presencing：存在（Presence）和感知（Sensing）的合成词]。这表明了从"正在生成的未来"出发可以学到很多东西这个新观点。

一直以来，我们早已习惯了计划（Plan）、行动（Do）、评价（Check）、改善（Action），即称为 PDCA 循环的计划反馈行动。与这个"向过去的经验学习"完全不同的学习方法就是"向正在生成的未来学习"（见图 0-1）。

按照"向过去的经验学习"方法行动时，我们在采取行动前就知道"为何采取那种行动"的理由或合理性。奥托博士认为这种方法对于我们直面重大问题的解决和创新实践是不够的。如果绞尽脑汁去想解决方法的话，得到的只是你过去的经验告诉你的答案。这当然不具备我们所说的创新所应具备的"感觉有，但说不出来""不是基于过去的经验"含义的条件。

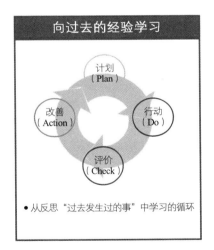
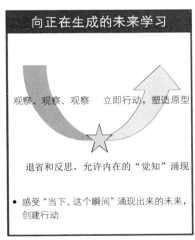

图 0-1　"向过去的经验学习"和"向正在生成的未来学习"

奥托博士指出，"向正在生成的未来学习"首先是作为直觉出现的，就像有被什么东西牵引的感觉，与其说"为什么"不如说是"什么"的感觉出现。感觉被"什么"所吸引，但不清楚那到底是"什么"。实际开始时运用双手和身体的智慧，一边用心感受，一边逐渐呈现出来，然后头脑才逐渐开始理解"为什么那是必要的""为什么开始做这件事"。

像这样凭着直觉来决策，往往被认为没有科学根据。但越是在解决困难问题的时候，越是感觉进入了死胡同的时候，就越需要依靠这种"似乎什么地方不对""总觉得有些不妥"这样的直觉前进。凭着直觉前进，虽然伴随着风险，但是正因为如此，才能展开我们的想象，并最终实现创新、变革。

U 型理论的另一个伟大之处在于，它看到了代表直觉的艺术家和运动员的"内在状态"与创新有关的事实。不仅适用于个人，同时也适用于团队、组织，这就是 U 型理论的独特性。

奥托博士把从"向正在生成的未来学习"中学习、创新的过程用图表现出来。概括地说，U 型理论是由三个过程构成的（见图 0-2）。

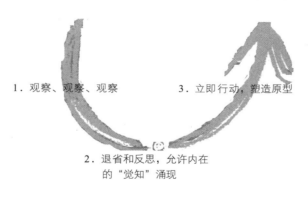

1. 观察、观察、观察　　　　3. 立即行动，塑造原型

2. 退省和反思，允许内在
的"觉知"涌现

图 0-2　U 型理论的三个过程

1. 感知=观察、观察、观察

2. 自然流现=退省和反思，允许内在的"觉知"涌现

3. 创造=立即行动，塑造原型

1 表示的是感知，到达这个状态时会融入真实的情境；2 表示的是自然流现，到达这个状态时直觉或灵感会涌现出来，与正在生成的未来相遇；3 表示的是创造，到达这个状态时直觉或灵感经由一个人或几个人结晶出来，然后具化成型，从而使创新、变革变成现实。

《U 型理论》英文原著于 2007 年出版，2010 年日文版出版。本书作者是日文版的翻译，也是该理论的实践者。相对于 U 型理论中很多难以理解的部分，这本实践版更简单地解析了 U 型理论，列举了详细的实践方法，是身为高管教练、引导师的作者根据自身积累的丰富经验而编写的。

如果你正希望成为——

- 提高创造性并对周围产生影响力，带来业绩提升的人；
- 增进与他人之间以及团队之间的关系，开启新的未来的人；
- 激发组织或团队的潜能，推动创新变革的人；
- 通过咨询、教练、引导等，帮助个人或组织实现变革、转型的人；
- 让自己的人生更加充实，创造独特价值的人。

那就阅读本书吧！

希望本书能成为你和U型理论结缘的桥梁，期盼本书能为越来越多的人找到自己的转折点而奉献一点微薄之力。相信U型理论在面对不确定性和无法预测的未来，能够为这个时代的人们照亮前进的方向，成为实现创新变革的路标。

现在，邀请大家和我一起，共同开启 U 的旅程吧！

目　录

第 1 章

根本解决人和组织的
"痛点" 问题

1.1 不合理的期待导致的"残局"

迄今为止，作为高管教练及领导力发展和组织变革的引导师，我无数次看到当组织面临窘境时，即使不同的行业、不同的企业，都会发出惊人相似的期待声音：

救世主期待论——在员工发出"决策层必须改变"的批判声音的同时，决策层期待着能够出现超级领袖来拯救危机。

危机团结论——大家都没有危机感，怀着到了"实在无路可退"的地步，自然就会团结一心来个公司形势大逆转的期待。

乐观幻想论——怀着"船到桥头自然直"、到最后总是有办法解决的期待，等等。

几乎所有人都没有明确意识到自己的想法其实是受自身的意识所局限的。我们看到的现象并非都是对公司的不满，有时也会积极地想办法来应对。但是，感觉不到承担风险，也感觉不到有什么新突破，只能感受到非常重要的事情被往后拖延的气氛。

这种期待有它的道理。例如，卡洛斯·戈恩的出现拯救了岌岌可危的日产汽车公司；日本航空虽陷入民事再生[①]中，但经过短短几年时间就业绩回升；等等。诸如此类的摆脱危机、扭亏为盈的实例确实存在。

[①] 民事再生：《民事再生法》是日本 1999 年制定、2000 年实施的一部法律。简单地讲就是破产重组。企业虽然破产，但它还具有一定的市场份额，以及行业经验。如果破产，其他企业也会陷入困境，甚至造成连锁反应致使其他企业破产。因此日本政府制定《民事再生法》，对具有破产重组价值的企业进行评定判断，提供相应的帮助。

但是，不是所有的企业都会发生奇迹，我们看到最终难逃破产厄运的公司比比皆是。这些企业是没有意识到危机存在吗？应该不是，至少决策者在危机来临之时也是胆战心惊的。

那么，当危机来临时，组织能否实现变革而幸免于难呢？如果能，那这把钥匙到底是什么呢？

1.2 连续 27 个月亏损的凯丝美公司发生的奇迹

1. "用 3 小时和半天时间期待扭亏为盈"的客户要求

凯丝美是一家大型化妆品公司的子公司，20 世纪 90 年代初期成立，主要生产销售化妆品，针对的是一般消费者，在药妆店和超市有售。和一般的集团企业一样，社长以下董事会成员由总公司派遣，其他员工来自社会招聘和应届毕业生。

凯丝美因具备产品开发和销售的能力，开创了自己的品牌。有一部分产品作为经典款，非常畅销，深受消费者的喜爱。但是，这个行业本身竞争非常激烈，消费者的价值观也变得多样化，2000 年以后公司连续 27 个月都是赤字，随时都有被总公司要求停产的危险。

2009 年，我遇见了之前见过一次面的总公司派遣的董事佐藤小姐，当时她任职凯丝美公司一年左右。我问她："最近怎么样？对新公司感觉如何？"她表情略带凝重地说："是至今为止最严峻的职业生涯！"由于当时她只说了一句，我不便再追问下去。

2010 年的春天我们再次见面，她谈到了公司的艰难状况以及采取的各种措施。问题好像比较严重，情况堪忧。当时，我也没有好的办法能帮到她，就把我写的《为何组织会没有方向》这本书送给了她。

同年 10 月的一天，我接到了她的电话："上次您送给我的书社长看了，他想马上见您。"

我如约拜访了凯丝美公司。第一次见到佐藤以外的职员，除了社长和佐藤，还有经营企划部、总务部人员，一共四人。

社长是总公司派遣的，自 2010 年 1 月担任凯丝美公司社长以来为扭转业绩奋斗了 10 个月，始终未见起色。距离年末还有两个月时间，如果连续 30 个月都是赤字的话，总公司很有可能停止资金援助，到时公司就会倒闭或被变卖。

"拜读了您的书，感觉里面讲的就是我们公司。能否在 11 月初抽出 3 小时，12 月初用半天时间，这里社长、部长、部门负责人共 20 人左右，我们一起拧成一股绳。请您无论如何帮我们把这期营业额达标，包括下期也能持续达标。""不会吧！"我几乎要叫出声来。但我还是首先了解了情况。

了解情况后，我说："非常理解你们希望渡过难关，能够顺利步入下一期的心情。假设这期营业额达标了，但对于下期，我们是不是还会面临与现在同样的困境呢？如果真是这样，我们只不过是在垂死挣扎，没有实际意义。如果只是做拖延时间的事，那不如把时间投入到员工的再就业上。因为公司突然倒闭最受影响的是员工。"

虽然只是初次见面，如此的直言不讳让社长吃了一惊，在场的其他人也低下了头，保持沉默。过了一会儿，社长开口说："今天的话震撼到我了，既然决定做，就彻底地干吧！"然后大家决定召开两次会议，11 月 8 日 3 小时和 12 月 9 日半天时间。

2. 不负责任的评判声音的蔓延

11 月 8 日下午，社长、部长、部门负责人将近 20 人开始了第一次会议。首先让每个人把心里想的全部写下来，尽可能地多写问题，少解释。

写下来的问题让大家浏览后，采取"世界咖啡"的形式进行对话。所谓"世界咖啡"，是指四人一组围在桌边，对谈话中感受到的、想到的东西随时记录在摊开的纸上，然后进行交流。在规定时间内小组人员轮换，从而更好地引起参与者对问题的关注。于是，大家都积极发言，看上去场面非常热闹。

但是，听到的内容大多是"沟通交流不足，我们更需要开诚布公的交流场所""分工不明确，评价不客观，人事制度需要改革"等。所有的发言都是理所当然、绝对正确的。但所有意见都很表面化，没法让人感觉会有太大的变化。

更令人担忧的是，大家谈论的内容让人感觉不到这是一家濒临破产，极有可能被关闭、变卖的公司。再加上评论家般的谈话姿态，气氛显得很不协调。

很快 3 小时的时间到了，我们结束了会议。我想，照这样下去即使再花半天时间也不会有起色，得想想办法。于是我让参加会议的社长和一部分人留了下来，反思了一下今天的内容。社长似乎也跟我有同感，略显担忧地说："没有第一次我们见面时感觉到的那种震感，照此下去恐怕不会有变化！"

于是，我说了这么一段话："在你们之中，有没有人觉得公司已经没有希望了。对这种'没有希望'，其他人都会有一点感觉，唯独自己意识不到。这就好比自己身体的味道自己不知道，周围的人却全都闻得到一样。发现自身的'失望'就如同自己闻自己的味道一样难以发现。务必请大家思考一下在你们内心深处到底有怎样的失望？"

大家低着头，花了 10 多分钟寻找自己没意识到的"失望"，这几分钟空气是凝重的。营业部一位年轻有为的田中经理终于开口了："**我感觉到我对身边人的失望，任何人都指望不了，只能靠自己，所以我不断地指责别人。现在想是自己在推卸责任。**"他一边叹气一边说，显得非常沮丧。

受到他的启发，其他人也意识到了这点，说着"我也是那样的"。就这样，大家在垂头丧气和叹息声中结束了这次会议。

3. 对立和纠葛中产生的"心声"

12 月 9 日的会议，在总公司的会议室里举行。这次与我同行的还有我的合作伙伴桥本，协助我一起进行引导。

年末最后一个月是大家最后冲刺的时候，再加上社长、部长、部门负责人全部集中起来，"在重要时期做这种事"，大家表示反感也是正常的。所以一开始我提醒道："我知道年末是大家最后冲刺的时候，或许有人会想'现在不是做这种事的时候'，如果你觉得我们这个会议毫无意义，我建议还是回去工作，多跑几家客户吧！如果以'这种事情没有意义'的心态参加会议，你会影响到其他人，所以为了其他人着想也请回去吧。给大家 5 分钟时间考虑，做还是不做。5 分钟以后决定留下来的人请回到这里。"听了这句话后，当初打算为这次引导做些辅助文秘工作的一位年轻人说："我还是不要做什么文秘了，让我参加到会议中，可以吗？"

休息后我们运用了阿诺德·敏德鲁创立的世界剧演（world work）手法来进行引导。世界剧演是指围绕一个主题，各个利益相关者将不同立场用即兴表演的方式表现出来，不只是表达各种观点，感情和纠葛也同时表露出来的一种手法。

这种不急于从对立和纠葛中走出来，彻底感受其中的滋味，并从中孕育出新的思考、洞见的方法我们称为"坐在火焰之上的工作坊"。向大家简单介绍了有关世界剧演之后，椅子和桌子被全部撤掉，所有人都站着开始我们的工作坊。

刚开始大家边看边模仿，表现得比较生硬。过了一会儿，又出现了 11 月会议时的讨论情景，眼看又要回到"表面""老生常谈"的讨论中。我的搭档桥本举起手，"我来扮演竞争对手"，边说边走到一个没人的空地。佐藤也应声说道"我也参加"，然后站在桥本旁边。

桥本对扮演同一竞争对手公司人员的佐藤说："今年恐怕凯丝美公司还是老样子吧！"佐藤回应道："是的，他们根本不是我们的对手。"说完，两人还互相附和一番。

瞬间，全场一阵大笑。在他们当中，我看见一位营业经理双手交叉在胸前，低着头，自嘲般"哼"地一笑。我走近他，问道："现在，发生了什么？""**那可不是什么开玩笑，我们确实在现场被其他公司这样说过。**"他小声地脱口而出。于是，我充当营业经理的角色说："那句话可是我实际听到的，你们从不知道这种被人嘲笑、令人懊恼的心情吧！所以你们才笑得出来。"

说完，会场一片寂静。一会儿大家活跃起来，慢慢地开始投入，扮演成与平时不一样的角色，站在各自的立场上发起言来，慢慢地出现了决策层和生产人员站成两排，互相对峙，主张自己观点的局面。

决策层："现在这个时候，想说什么就说什么，什么都不说，是没法进行下去的。"

生产人员："有什么可说的，就是说了，也不会得到答案。"

决策层："为什么没什么可说？"

生产人员："不知道你们会如何评价……"

决策层："都已经到这个地步了，不是谈评价不评价的时候。"

生产人员："自己没做好应该做的事，想说也不好意思说。"

决策层："总得说点什么吧。"

……

如此这般争论，看不到彼此相互理解。

在这期间，市场部和营业部之间的对立也凸显出来，公司的市场部负责商品的企划、开发、宣传，营业部负责批发销售和药妆的销售。

这个时候正好是公司迎来下季新产品发布的时期，对于九年来一直卖着"卖不掉的产品"的营业部来说，新产品的发布并没有给他们带来多大的工作热情。

营业部："发布新产品是好事，但如果没有市场满意度的调查作为依据，店家是不会让我们的产品上架的。"

市场部："这次的产品，我们是以某某为客户群，创意概念也改变了，和以前不一样的地方是……"

营业部："不要说抽象的话，请用数据说话。没有市场调查数据，只空洞地说畅销，零售店是不会轻易相信的。"

市场部："拿出市场调查数据，难度很大。"

营业部："如果这样的话，我们是没有办法推销出去的。"

……

双方都是站在各自的角度主张自己的想法，与决策层和生产人员一样，大家都不让步。于是，我站在市场部一侧，在大家正在激烈争论时，对着营业部深深地鞠了一躬，大声说："非常抱歉，一直都在开发没人要的产品，让各位为难了，真的非常对不起。但这次的产品真的很好，请推荐给客户吧。"

营业部对突如其来的举动,一下子不知所措了,试着让我起身,并说道:"这不是请求原谅就能解决的问题,市场是靠数据说话的,我们只是希望把数据放在我们面前。"但我还是保持原来的姿势,说道:"数据实在是没法提供,请不用管它了,不管怎样请尽力去销售吧。"可营业部还是坚持自己的观点:"我们可以商量,但数据是基础,有了这个基础才能进行下一步的工作。"

请求到这个份上还是没有结果,我不免有了发火的冲动。但想到"发火的不应该是我",于是我走到市场部那一排的另一个位置,扮演起了市场部一个对营业部极为不满的人员。

刚才低头道歉的角色我让另一个市场部人员代替,然后指着这个人,眼睛对着营业部大叫起来:"他已经这么低头拜托你们了,你们就不能回答一句'放心,后面的事情由我们来搞定'吗?连这句话都不敢说简直就是三流销售团队!"

被我如此的嘲讽后,营业部坐不住了。

营业部:"三流是什么意思?你有什么资格说这种话!"

我:"就说你们三流,怎么啦!自己能力不足卖不掉,还什么都赖在产品头上。营业部不就是出去销售不好卖的东西嘛!"

营业部:"让我们去卖不好卖的东西,你试试!"

我:"你们说的这些我理解,并为此深表歉意,但这次的产品确实不同于以前,市场会需要的,不如先投到市场,看看效果再说,怎么样?"

营业部:"你们应该了解市场,听听客户的心声!如果东西好,卖得出去,那我们还在这发什么愁呀。"

听到这里,我双手举起做了一个"放弃"的手势。对着营业部:"好了,你们还是拿出了'客户的心声'这个撒手锏，对此我听腻了，我无话可说，到此结束。"

说完这段话，营业部和市场部之间站着的一位总务女同事哭起来："**大家同在一个公司，又都是为了把工作干好，彼此间为什么要不留情面地相争呢？**"

听到这番话，所有人都一下子沉默了。我的内心也被触动了一下，自己的言行确实有些过了。

正好世界剧演的时间到了。临近结尾，我把所有人分成两组，桥本和我各带一组。此刻每个人都会有各自不同的感受，接下来请大家说一说。

我的组员中有位营业部人员说："三流销售，实在觉得太过分了。"

但有的人却说："其实这么说也不是没有道理，看看现在销售的业绩，私底下还真的有人这样说过。"

……

4. 社长的决心形成了场域"起伏"

最后的安排是让每个人坐在椅子上闭上眼睛，想象一下，从现在到 12 月月末，需要下决心完成的目标是什么，自己下决心要做的事是什么。然后，如果真的有这个决心，把目标写在纸上。最后，跨过会场后方画着的一道"决心线"，当着大家的面宣读。

需要强调的一点是，要求大家要么做，要么不做，不要模棱两可。这种模棱两可的态度，会影响到其他正在下决心的人。

接下来，给了大家几分钟时间闭上眼睛静默。觉得自己已经做好准备的人可以睁开眼睛，写上自己的目标，跨过"决心线"。三分之二的人跨过了那道线，还有三分之一的人坐在椅子上，这个比例是意料之中的。不过不可思议的是，社长没有跨过去，还坐在椅子上。我并没有问他"社长不跨过去吗"，而是直接让跨过线的各位做宣言告白。接下去，我召集大家围成一个圈，每人一句话做一个最后总结。这时，社长站起来，神情夸张地问大家："结束前，我想问大家一个问题，不问的话，我不会表明决心。假设今年营业额达标，明年还会是充满危机的事实大家一定心知肚明。如果半途而废，还不如一开始就不要做。你们一个个真心实意地告诉我，到底有没有奋斗到 12 月月末的决心？"

对于平常温和的社长表现出如此咄咄逼人的气势，我感到很惊讶。让每个人表明决心，我感觉大家不会说出真实感受。于是我说："现在开始每个人发一张纸，请写上○或×。到 12 月月末真正下定决心的，请画○，稍微有点犹豫的都请画×。因为是匿名填写，所以一定请写出真实的想法，绝对不要为了气氛，或者顾忌到别人会怎么想而画○。这种行为是对真实画○的人的不尊重。"说完，我和桥本一起把便笺纸发给大家。

我和桥本把大家写的内容贴在白板上。与我的预测相反，纸上一直都是○。

打开最后一张时，我的手都颤抖了，全部都是○。其中还有几位在○旁边备注上"绝对坚持"。一般遇到这种场面，大家会欢呼大叫，但是那个瞬间却似听得见水滴落下般的静寂。感觉到场域中诞生了一种用言语无法表达的"意志"一样的东西。

社长这时站起来："大家的决心我已经知道了。好，我们同心协力，一起向 12 月月末冲刺。我也开始表明决心。"说完社长跨过决心线，强劲有力地完成了宣言。

事后，问了社长才知道当时如果有一个人画×，他就马上跑到这幢大楼的高层会长室，直接跟会长说："凯丝美关闭。"有这种想法是因为他在世界剧演中听到一位营业经理自言自语地说："太累了，这一年，再也不想有第二次了。"社长听到这个后，就决定不再压抑自己的想法："让大家如此为难，到底为了什么？如此让大家难受，还不如关闭。"

社长的决定让整个场域形成了强烈的一体感。

5. "最后的总结"迎来了凯丝美的新生

社长表明决心后，时间也刚好到了。于是大家围成一圈作"最后的总结"。有三位是从外地过来的，因急着赶飞机，他们先发言："我们有信心一定会坚持到底！"第四个发言的是公司创立时的元老级员工宫泽，她看着我喃喃细语道："今天对我来说感受非常深刻……"说着说着她便低下头，不说话了。只见大颗大颗的泪珠滴落，放在膝盖上的手都被润湿了。过了一会儿，她一边流着眼泪一边抬起头说："我是真的，真的很喜欢这家公司。"说完就大哭起来。瞬间，很多人也跟着一起哭起来。

谁都没想到大家会哭起来，这好似凯丝美新生儿的第一声啼哭。之后又有几个人含着眼泪表达了自己的感慨。接下来是一位营业部的负责人，他虽然尽力不让自己的眼泪流出来，可最后还是大声痛哭，一句话都说不出来。这位负责人一直在协调并寻求解决总公司派遣员工和凯丝美招聘员工之间的问题。世界剧演的时候，他的表现是一边站着一边在摇摆，当我问"有什么事吗"时，他也只是回答："没有，没什么事。"现在如此这般哭泣，就好像总公司派遣员工和凯丝美招聘员工之间的墙壁被推倒了一般，值得祝福。

结果，他一句话都没说，用手势向后面的人表示继续。接下去有几个人陆续说了自己的感受。大家的情绪也慢慢地平复下来。在最后的拐角处轮到田中说话了。凯丝美招聘员工大多是社会招聘，应届毕业生的比例并不高。田中是公司决定聘用应届毕业生时进入公司的，没有感受过公司的辉煌时期。他说:"刚才,宫泽说喜欢凯丝美的时候……"说到一半开始哽咽起来,"我一直都很喜欢这家公司,想到一直由一个人支撑着就很难过。我喜欢这家公司,喜欢大家,大家一起奋斗吧。"听到这些话,大家的情绪又激动起来。接下来轮到与我隔开一个位子的佐藤,她也边哭边说:"宫泽发言的时候我极力忍住不要哭,到田中的时候实在忍不住了,**开这次会议我觉得非常害怕,害怕如果这次失败,就再也没有机会了。这次能有这样的结果,我真的很高兴。**"

12月9日,当大家都写出"自己首先做起来""自己动起来"等这样的话语,并表明从自身做起率先示范的态度时,说明这次会议非常成功。

6. "理所当然的事自然会完成"的创新

12月9日的会议出现了奇迹般的场域,后面桥本和我能做的就是"祈祷"了。

过了新年进入了2011年。1月14日,周五我给社长发了封新年祝福的邮件,第二天收到了回复。

中土井老师:

非常高兴收到您的邮件,本该我先给您发新年祝福的,真是不好意思。

这次真的非常感谢您,公司九年来第一次达到了增加收益的业绩。昨天在公司全体会议上大家都激动得流泪了。看到大家齐心共同努力的喜人成果,我们对新的一年充满了必胜的信心。今年的新产品筹划已经启动了,现在也只是凯丝美新的开始,公司也相信我们的潜力是巨大的。昨天的会议现场隆重、感人,感受很深。

我非常想跟您见个面,具体时间请老师定。

1 月 17 日在第一次和社长碰面的会议室，社长、经营企划、总务与我谈起了 12 月 9 日会议之后发生的事情。那个会议室是第一次和社长碰面的地方，从那个时候到现在还不到三个月，给我印象最深刻的是每个人都好像换了一个人似的。

社长说，12 月 9 日会议结束后的第二天，他按老规矩提前 30 分钟到达公司，可发现已经有几个人在精力充沛地干活了，还能听到有人在讨论商榷时相互间语气的变化："感觉这么做比较好。"几天后，"营业部和市场部的人员一起去了现场，倾听客户的心声"。营业部终于和市场部人员合作一起外出了，他们的收获是 12 月月底拿到了一个大订单，顺利达标。

像丰田等卓越企业的过人之处就在于"理所当然的事自然会完成"。对于凯丝美公司，营业部和市场部人员有了一起倾听客户的心声这个前提，就会出现拿到大订单的结果。这就是"理所当然的事自然会完成"，是最大的变革。

之后凯丝美公司的业绩有了更大的飞跃，2011 年遭受东日本大地震时，针对新的流通平台的产品方面获得成功，达到预期 10 倍以上的营业额。

2011 年增益增收。2012 年大家同心协力共同开发的新产品又一次成功。连续 27 个月亏损的公司，达到了 9 个月连续盈利。

1.3 凯丝美的奇迹如何再现

在进行有关 U 型理论的详细介绍之前，我首先介绍了凯丝美公司的事例，或许有人会被感动到、震撼到，或许有人会说"这种情况真的能解决问题吗",甚至还有人认为,只不过是添油加醋改写的版本而已。凯丝美公司是有点戏剧性,表示怀疑也正常,但那绝对是真实事件。

这个事例我经常在我的工作坊中提起,十个人中总有一个人会流泪。同时,他也会问这样一些问题:"不陷入凯丝美公司般危机,是不是很难成功?""如果没有那个社长发挥的领导能力,估计也很难成功吧?""世界剧演手法什么时候使用最合适?""一般的企业是不是不大适用?""像凯丝美公司那样的规模可能容易成功,规模大的公司是不是就很难实现?""这个事例讲的是营业部和市场部之间的对立消除之后业绩提高,应该还有其他因素起了很大作用吧?"……

每个提问都是合理的,我们不能否认是各种因素共同的作用,才产生了凯丝美公司的奇迹。在我们公司做过的案例中,用 3 小时加上半天的时间产生如此戏剧化的结果也实属个例。如果说让我再现同样的情况,也很难保证。通过这个事例我想让大家关注的重点是凯丝美公司经历的过程。

奇迹产生的过程是根据 U 型理论设计的,通过设计能够帮助公司铺上一条起飞跑道。能否起飞,什么时候起飞,是看"时机"的,但营造轻松起飞的"场域"是可以根据 U 型理论的原理来设计的。

那么,U 型理论的什么产生了这个奇迹的过程呢?我们后面介绍。这一章主要讲述 U 型理论产生的背景,处理什么问题时 U 型理论会发挥作用。

1.4 奥托·夏莫创立的 U 型理论

U 型理论创立的背景用奥托博士的话讲,是从各种角度来描述的。其中，让人感兴趣的是奥托博士发现 U 型理论与机缘巧合的一个项目有关的故事。

故事是从 1994 年，国际咨询公司麦肯锡公司维也纳办事处的首席代表迈克尔·荣问奥托博士是否有兴趣参与一项全球项目开始的。奥托博士是这样描述的："在慕尼黑，我们就领导和组织进行了发人深省的谈话。结束时，他问我是否有兴趣参与一项全球项目，就领导力、组织和战略等话题采访世界领先的思想家。"他说："所有访谈都将公开，你可以把这些访谈用于你博士课程后的研究，我也可以把它们用于我在麦肯锡的工作当中。而且，其他任何感兴趣的人都可以从网站上下载相关内容。我们希望人们可以通过这些访谈激发他们的思考和创造力。"

"我当然感兴趣，所以一回到波士顿就找了几个人帮忙献计献策，几天后就列出了一份我们认为最有兴趣和最富创造力的思想领袖人员名单，包括学术泰斗、创业者、企业精英、发明家、科学家、教育家、艺术家等其他很多人。"（引用《U 型理论》，浙江人民出版社。以下《U 型理论》的引用，有些是为了方便理解，对原著的内容有所更改。）

这个项目最终采访了 130 人，一部分采访内容放在网上公开。U 型理论就是对这些活跃在第一线的领袖人物访谈后的成果。

奥托博士在这个项目之后又通过各种研究最终得到如下结论：在领导力和日常生活中存在着一个巨大的盲点，**这个盲点不是做什么（What）、如何做（How），而是指领导者所有行为的内在发源地（Who）**。即不是采取什么方法、如何实施，而在于无论作为个人还是作为团队，**自己是谁？行动的源头是什么？**

这是怎么一回事？请给自己留点时间，想象自己心中的"我想有更好的状态""希望能解决的一个问题"，可以是工作上的，也可以是家庭、朋友及私人关系的一件事情。

想象一下,为了达到更好的状态或者为了解决这一问题,你做了什么?或者你正准备怎么做?现在你的头脑里浮现出什么了吗?

如果你是销售人员或许会想到"整理客户名单""多联系客户";如果你是公司高层可能会想到"重新调整经营战略""召开全体会议";如果你是教师或许会去"家访学生";如果为了促进家庭或朋友的关系,或许会说"一起出去旅游";等等。无论怎样的解决方案,作为假设都是完美的,实际上有些还真有效。

这里要注意的是,这些答案大多数是做什么(What)、如何做(How)。奥托博士指出在这个之外还有发挥更高效的重点,而这正是我们看不到的"盲点"。

U 型理论是什么? 直截了当地说:**"不是做什么(What)、如何做(How),而是通过转换领导者行为的内在发源地(Who),创造出从过去的延长线上得不到的变化。"** 这个洞察,从世界各地有影响力的领导者所做出的贡献和成就及带来的前所未有的影响中,可以看出 U 型理论的独特性和可能性。

"做什么、如何做""达到了什么结果",这些都是可以看到的。但是如果通过模仿,也能成功或带来极大影响的话,那恐怕谁都能成为超一流的伟人。

当然,模仿或者改变"做法",通常也会有成效。世界上有无数技能类的书籍,能掌握运用是非常重要的事情。但奥托博士指出,要想有突破性的成果,单靠这点还是不够的。

在 20 世纪 90 年代初期,人们追求的是工作效率,即"做法"很有效,保证了竞争优越性。但是随着 IT 数据化浪潮的到来,工作效率化就成了理所当然的事。新的事物一经出现,国内自不必说,很快就会被国外轻易模仿。这也就意味着，我们正步入倾注心血产生的"附加值"急速地变成"无价值"的时代。

举个例子，汽车导航系统面世时，汽车行业就把其视为摇钱树，源源不断赚取高额利润。各家公司绞尽脑汁设计高性能的设备。各生产厂商的策略是先针对高级车用户推出高性能的导航设备高价销售，然后降低售价，面向大众车用户大量销售，达到了近乎完美的成功。

但是，数据化时代使先前如此成功的策略迅速变成了"无价值"的。随着手机的高性能化，导航系统应用也在几年时间内被轻易取代。汽车导航市场一下子就到了瓶颈。

以此说明，"做法"不能保持长久的优越性，创造出前所未有的新事物是持续保持优越性的源泉，这一假设是合理的。

超一流的人们的创造性、灵感、变革创新、领导力等的源泉到底是什么？U 型理论给出的答案既非"做什么"，亦非"如何做"，而是位于这两者之外的"谁"。

1.5 "宇宙开发"与"养育孩子"，哪个复杂

U 型理论是通过对世界超一流思想领袖的访谈之后的产物。我们已经谈到，由于现代企业对高附加价值的追求，竞争力的根本即创造性能否得以发挥，正成为被关注的焦点。而 U 型理论正是对这种关注的一个回答。

通过研究"领导力和创造性的源泉是什么""什么使它的发挥成为可能"的问题而形成了 U 型理论。随着 U 型理论的不断实践，"它蕴含着怎样的

可能性""它能解决怎样的问题"的研究也随之深入。通过这个实践过程，U 型理论并不仅是领导力或创造性的发挥，也是解决一直以来无法处理的组织和社会问题的关键。

通常情况下，当我们碰到问题的时候，为了逃避或克服，会采取各种方法解决问题。有时确实会奏效，问题得到解决。有时只是对症疗法（只针对症状进行治疗，没有抓住根本病因），实质上使问题往后拖延，以至于找不到解决方案。我们想尽一切办法却最终导致问题更加恶化。这样的例子屡见不鲜。

难以解决的问题，从全球来讲，如人口激增、全球变暖、生物多样性持续等各种大问题；从自身来讲，如职场的人际关系、夫妻关系、育儿问题等，到处可见。

在信息技术高度发达的今天，让决策者感到头痛的大多还是人和组织的问题。这简直就像永恒的课题一样被反复提及。

我们在遇到难以解决的问题时，往往会在不清楚为何难以解决的情况下寻求答案。例如，处理人际关系问题，为了让对方停止不可思议又令人不愉快的言行举止，人们总会分析对方的情况，然后积极交流、沟通，却反而距离越来越远。

当然，有时运用以上方法也能解决问题，歪打正着逃过一劫。但是不只人际关系，除此之外的很多情况，不管怎么做似乎都不如想象的那样好转，有时甚至会陷入泥潭无法自拔。

在遭遇到这种情况时，重要的是首先弄清楚**现在遭遇的是"繁杂性问题"还是"复杂性问题"**。

"繁杂性问题"我称为**"拼图性问题"**。虽然比较繁杂，花费时间，但是希望的状态和目标明确，通过分解问题，分配责任，一个一个拼凑就能解决问题。它指的是可以解决的那一类。

弗朗西斯·韦斯特利、布伦达·齐默尔曼、迈克尔·奎因顿、Eric Young 共同编写的《谁改变了世界——社会创新从这里开始》（英治出版社）一书中是这么介绍"繁杂性问题"的：

向月球发射卫星的课题，自不必说绝对不简单。必须要专业，即使有专业人员的共同协助，也必须有专家，根据公式和最新科学理论预测卫星的轨道。根据条件还必须计算出需要多少燃料。这些是繁杂性问题。所有的步骤准备充分，经过所有的测试后，通信系统都调试完成，都按照正确顺序操作，成功的可能性是很高的。而且，一次成功后，第二次、第三次成功的概率会更高。

我们往往会把需要高度专业、熟练技能、聪明头脑才能解决的问题视为"复杂而艰难"，也就是说，只有兼备了那些能力才可以解决。类似这种问题，我们定义为"拼图性问题"。

"复杂性问题"我称为"魔方性问题"。魔方性问题就好比要做到一个面一种颜色的魔方，看上去好像状态很明确，可是方法不对未必能达到想要的结果。

玩过魔方的人知道，为了让一个面全部呈现红色，刚刚拼好的橘色那面就混乱了。就是说，原是出于一个希望整体圆满的初衷，受到其他意料之外因素的影响，结果离整体目标相距甚远，或者限制了自己的行动。这就是"魔方性问题"的特征。

魔方相对拼图的复杂之处是，自己下的一步棋，以超越自己的理解方式影响到他人，而拼图是一片片拼凑的，不会对其他方面产生影响，距离目标越来越近。所以当你抱着头正愁怎么拼不起来的时候，正好小孩子路过，边看边模仿地拿起一块拼图放进去，然后大功告成的事情也会发生。

但是，如果不理解魔方的构造，侥幸能完成六个面基本上不大可能。**"这边站起来，那边倒下"的关系被称为"相互依赖关系"。**

有关这个"复杂性问题"，刚才提及的《谁改变了世界》这本书中，以养育孩子为例做了说明。

养育孩子是复杂的。与火箭升空不同，没有保证成功的法则。养育了一个孩子后有了经验，如果按照同样的方法养育第二个孩子，可能就行不通。这是每个做父母的都知道的事实，所以按照育儿专家写的育儿书来进行教育，似乎也都不大靠谱，无法指望那些书本。孩子是在受到各种各样的，有些是父母无能为力的影响下成长、变化的，火箭升空时，重力是固定的；而孩子都是有自己的想法的。所以在孩子的教育上，仅仅靠父母的努力就能改变几乎不现实。只有在与孩子相互影响的作用下，才能带来变化。

发射火箭与养育孩子相比，我们说"养育孩子更复杂"这一点，或许有人持不同意见。教育子女的复杂之处在于父母和孩子的"相互依赖关系"上。作为孩子，虽然知道父母做了很多事都是对自己的爱，可有时会感觉到其中许多都是画蛇添足。相反，作为父母，本着为孩子着想的一片苦心，最终却事与愿违，事情越来越糟。

如果教育子女属于"拼图性问题"，只要把一个个问题找出来然后去解决，可能这个世界上就不会有讨厌学习的孩子或者失足少年了。

我的一个小学和中学与我同年级的同学，到中学时一直是在年级中排名第一、第二的优等生。但进入高中后，成绩却停滞不前，大学高考非常吃力。原因有很多，其中之一是他父亲。当他在家里做作业时，他的父亲坐在后面，手里拿着竹剑监视他。只要他打瞌睡、偷懒，父亲就会用竹剑打他。当然，如果成绩下降父亲更是责备加上严密监视。他最后陷入不仅学习效率低下还伤及自尊心的恶性循环中。

旁人看着不禁会想："这位父亲，不该这么做吧！"但是很遗憾，那位父亲自己觉得他的方法不说是最好的，但起码是有效的。那是因为他无法发现自己的存在对孩子造成了多大压力，也就是自己和孩子之间的相互依赖关系是怎样的。魔方性问题，越复杂，越会不断产生超出自己的认知界限的影响，脑子里明白的事和实际能解决的事完全是两回事。实际上，有一些专门研究魔方性问题的人，可是到现在我还没听到过这些人和他身边人的人际关系问题完全解决了。

魔方性问题不只发生在身边的人际关系中，在组织和社会中这种问题也经常发生。

例如，经常可以看见领导叹息下属目光短浅，只考虑眼前的事情；下属抱怨领导独断专行，从来不听下面人的意见，提议从来不会被采纳，他们都心灰意懒，没有干劲。

听到双方的埋怨，当你与领导以及下属交流之后，你会发现这种情形出现的原因当然有可能是领导确实独断专行，完全听不进别人的意见。但实际上在很多情况下，领导并不是那种性格，可最终还是被看成独断专行。这个就是"魔方性问题"。

我们再来看下面的一个会议情景：

领导希望下属用自己的头脑思考之后再发言，因为他知道自己的影响力很大，所以一开始会尽量不开口。可看到的却是大家在观望，说着空泛而又模棱两可的重复话语，逃避责任，甚至还说"关于前景和方向，我们听从领导的意见"。听着这些话，领导越来越生气，感觉到他的下属目光短浅，想法肤浅。这样的讨论只是在浪费时间。"连这种事都要由我来讲吗？"一气之下做了最后决定，结束会议。每每遇到类似情况，领导就会想："公司里的人没一个能指望得上,无论发生什么都必须自己一人扛。"

下属的想法也不无道理。领导说是要听取大家的意见,可一旦与他的想法和意见稍微有点不同,就会被尖锐反驳,振振有词地说自己的理由,所以大家只能谨言慎行。

特别是有很多下属的董事及部长更是担心会因为社长的心血来潮或突发奇想而连累下属。自己都没有接受,还要跟下属去解释"社长是这么说的",这种状况的持续非常有可能失去下属对他的信赖。为避免这种情况的发生,与社长的交流还是以保守稳妥为主。如果详细报告,各种疑问、埋怨会接踵而来,为了不"自找麻烦",最终还是选择用模棱两可的表达以保护自己。

为了不至于被社长的反复无常和朝令夕改搞得晕头转向,对于前景及方向,希望社长能最终确定下来,发挥作为最高层的领导力,手下只要就此报告进展状况就行。

……如果完全不同意社长的意见,与之背道而驰,即使想当面表示反对,可一想到"公司的方向最终还是社长说了算",话到嘴边也会咽下去。直接表示反对意见,很可能被社长的一句"说这些话前,你们部门先做出点成绩给我看"反驳回来,甚至连下属能力不强都归咎于自己,实在没法承担。本来想冒死跟社长据理力争的,最后也只能口是心非、委曲求全了。

站在第三者角度能很明显地看出,**双方的态度和行为是造成对方消极反应的导火索**。但是,当事人很难像第三者那样觉察到自己的态度和行为引起的对方的消极反应。

像这种当事人很难觉察的相互依赖关系就是魔方性问题难以解决的原因之一。不只是在各种组织中,在社会团体中也会发生同样的问题。所以,用我们常用的、用以处理"繁杂性问题"的方法解决"魔方性问题",不仅解决不了，甚至有可能背道而驰，使之更加恶化。

U 型理论就是针对这种复杂性问题，通过揭示新的观点和流程来实现至今从未有过的创新。

1.6 三种复杂性问题

"复杂性问题"到底是怎样的问题呢？理解了它的特性，你就会理解 U 型理论提出的过程，以及为什么必须是这样的过程。

奥托博士指出，复杂性问题共有三种类型：动态复杂性、社会复杂性、新兴复杂性。单一解决这三种复杂性其中的任何一种都很困难，如果这几种复杂性交织在一起则会更令人不知所措。

1. 动态复杂性：觉得好才做的事，最后却自找麻烦

"动态复杂性"是指多种因素相互作用，在原因和结果之间存在空间或时间上系统性分离所造成的复杂性。经济的全球化给世界各国的紧密联系带来了便利，但同时，在我们无法触及的领域造成巨大冲击的事例也在增加。

2008 年 9 月 15 日美国投资银行雷曼兄弟宣告破产后的雷曼危机，是导致世界金融风暴爆发的巨大诱因。日本也深受其害，负债总额高达约 6 000 亿美元（约 4.06 兆日元）。世界一端的美国一家投资银行破产，能引起整个世界的经济危机，这表明了世界的错综复杂和紧密关联。而且，雷曼危机也不一定是其自身经营失策造成的，从之前的 2007 年次贷危机引发的美国

泡沫经济崩溃致使债务重重事件来看，到底谁是罪魁祸首也无法判定。

对于大多数企业出现的、由于外界因素而影响公司发展的这种束手无策的状况，我们可以说这正体现了空间距离的复杂性。

再有，动态复杂性由原因到结果在时间上延迟的现象也会发生。例如，福岛第一核电站事故，至少今后 50 年会以某种形式受到其影响，核电站当初设计的海啸高度是几十年以前计算的，根据 20 世纪的决定影响了 21 世纪的大半个世纪。

以上例子，看起来似乎动态复杂性只限于大规模事件，其实不然，企业最高决策层的指示朝令夕改，导致出现一片混乱；新引进的系统发生故障，导致业务流程瘫痪，最终给各方面造成影响。这些都属于动态复杂性。

动态性复杂的特征简单地说就是，在我们的认知范围、可影响范围外，会发生各种情况，通过我们看不到的形式互相影响。

《系统思考——复杂问题的解决技巧》（约翰·斯特玛著，枝广淳子、小田理一郎译，东洋经济新报社）这本书用非常鲜明的实例（20 世纪 90 年代美国汽车租赁业的失败案例）介绍了动态复杂性的特征。

20 世纪 90 年代的美国，出现了二手车大型销售店。1992 年销售额是零，到了 1998 年竟达到了 130 亿美元。1995 年通用公司（简称 GM）的领导层意识到了二手车销售对新车销售带来了很大冲击。GM 北美总裁罗恩·扎拉派人去调查二手车大型销售店的情况。

在这之前几乎从未有人做过关于二手车市场的调查。20 世纪 90 年代初期的数据表明"新车购买人群平均六年换一次车，最快的也要四年"。因此，人们普遍认为"用户有长期不换车的倾向，二手车市场不可能取代新车市场"。1994 年 6 月 3 日的《华尔街日报》曾刊登了福特公司销售事业部高层的评论："事实上，存在新车市场和二手车市场两个市场。"但是调查开始后，遗漏的部分浮现出来。六年以后卖掉车子的这种简单模式被打乱了。

在二手车市场，吸引人们购买二手车的原因是新车品质的提升再加上汽车公司为提高销售采取的"策略"——"租赁销售"，这是 20 世纪 90 年代初期在汽车行业里被公认的"提高销售额的正确销售模式"。

新车品质的提升，使车龄 2~4 年的二手车市场价值相比以前高出好多，租赁到期时的剩余价值也相应增大，这也意味着租赁价格相对便宜。这样一来，不仅客户的负担会减轻，而且缩短了租赁期的时间，以换取市场的活跃。

刺激"换车"以提高新车的销售额，不难想象那是一个划时代的销售模式。殊不知里面有陷阱，实际上，租赁期结束、行驶距离短、车龄也小的"相当于新车"的新型二手车市场泛滥，导致价格下跌。结果，本来想买新车的客户感觉到了价廉物美的新型二手车的吸引力，转向购买二手车，最终成了新车销售的桎梏。

不仅如此，比起租赁结束时的剩余价值，二手车市场的新型二手车的价格反而便宜，归还租赁车的客户增多，收购比例下降，新型二手车随之又增多，最终又出现了价格下跌的恶性循环。

这就是说，为促进新车销售，降低租赁价格，推行汽车租赁，相对于新车，新型二手车的吸引力增加，分掉了新车市场的一块蛋糕。这正是为了眼前利益而做出的决策，最终却掐住了自己的脖子，搬起石头砸了自己的脚。

二手车大型销售店的问题是汽车厂家的"租赁销售"战略产生的副作用。看到这里才有"恍然大悟"的感觉，当时汽车业界的高层也清楚预测到了租赁结束后会有一部分车子重返市场，但是造成如此大的影响是谁都没料到的。作者约翰·斯特玛引用了以下的观点：

租赁期满的车子需求量是供应量的 3 倍。但那不是汽车业行业瓶颈产生的原因。（GM 租赁担当董事，1994 年 11 月 2 日，《今日美国报》）

开了 5 万公里的车子，富裕的阶层是不会买的。（美国底特律地区凯迪拉克经销商，1994 年 6 月 3 日，《华尔街日报》）

为缓和租赁短期化引起的逆向旋转，GM 废止了两年租赁期，延长到 36~48 个月。但是，其他竞争对手仍然坚持短期化，消费者当然会选择条件更好的厂家。很明显，GM 废止两年租赁期导致了竞争力的下降。

书中也提到了预测到这个结果的许多品牌经理、品牌分析家对此表示强烈的反对。

从以上的观点及品牌经理的反对声中可以看出，**动态复杂性的特征是，身在其中时，不易觉察到变化，或者轻视了其中的根本性变化**。

2. 社会复杂性：各执己见，与我无关

"社会复杂性"是指由人与人之间价值观、信念、利害冲突、经验有无之间的差异引起的复杂性。与不容易察觉的动态复杂性不同，社会复杂性能够用"和那个人合不来""跟你讲也没用""我们的价值观不同"等语言表现出来，而且日常生活中很多类似感觉的事情的例子举不胜举。

在家庭生活中，如夫妻之间对孩子的教育理念、对金钱的价值观等观点的不同；在企业中，如事业部希望加大投入以确保销售额增长，而财务部坚持以数据说话、杜绝浪费，造成两个部门的对立；社会招聘员工和应届员工之间对公司的感情差异；企业并购后，按照谁的业务模式工作，以谁为主之间的争执；正式员工、派遣员工之间的工作价值观不同导致的矛盾；凯丝美公司的总公司派遣员工和招聘员工之间看不到的壁垒等，随处可见。

再如，有关二氧化碳消减这个全球关注的问题，发达国家主张"已经到了刻不容缓的地步，大家一起携手共同解决"，发展中国家却认为"如今的局面正是发达国家排出的污染所导致的，我们没有义务为此分担责任"，所以问题得不到解决。

如此种种的社会复杂性越高，越难以用商讨的方式予以解决。引导种族隔离政策后的南非、哥伦比亚内战后的政府和反政府游击队对话的 U 型理论实践家亚当·可汉说："**社会复杂性高的时候，人们往往会采取强行压制作为解决方法。如果不强行解决，以妥协为由，大多数会导致问题的拖延。**"

我们往往会认为"说了大家就会明白"，相信只要进行合适的商讨，事情就能解决。但是，以下的几种状况是否能通过商讨得到圆满解决呢？

- 如果接受这个结果，自己和朋友会受到很大损失。
- 彼此都认为，对方讲的话完全行不通，还鄙视对方，认为其鼠目寸光。
- 为了将来不一定能发生的事情，现在做出有损失的决定。
- 对动态复杂性的认识，彼此有偏差，看法完全不同。
- 基于宗教信仰、哲学观点等自我认知的价值观的争论，互不让步。

为更加具体地理解这种社会复杂性很高的状况，我介绍一个自己亲身经历的实例。

我以前住的公寓小区是 200 多户人家的大型小区。跟其他公寓房一样，我们有总业委会以及给予辅助的各种业委会进行自主运营。日常的决定由业委会负责，重要的决定在每年一次的年会上所有人都有表决权。

代表是每户轮流制，任期一年，参与意识尽管有差异，但总体来说各业委会成员的主动性很强，业委会运营的效果还是比较令人满意的。另外，人们对于公寓房的持有目的、生活方式等有以下几种差异，价值标准和优先顺序也都有所不同：

1．购买的是一手房，老年后也准备长期居住的上班族；

2．购买的是二手房，打算长期持有的人；

3．以后会卖掉，准备短期持有的人；

4．已经退休在家过老年生活的人；

5．家里有需要照顾的老人的上班族；

6．以出租目的持有，有租金收入的人；

7．公寓房商铺的房主。

我属于第 2 种"购买的是二手房，打算长期持有的人"，我入住时房龄已经快十年，第二年就要大规模维修保养。我在大规模维修保养的第二年加入了业委会，成为副代表。前一年的业委会的工作是决定实施大规模维修保养，我们这一届的主要工作是根据之前的修理，对发现的公寓老化状态做出维修计划和财务计划。

虽然已经建造十年之久，由于财务委员会管理有方，维修基金和公寓管理费一直都没有上涨。但是，大规模维修保养后，如果不涨价，财务状况在十几年以后必然会出现困难。进行详细估价后，我们希望实行涨价在年会上得到大家的同意。

由于我们的财务人员曾经在金融机构工作过，做了详细估价，提出了三个涨价方案。理论上是无懈可击的，我看过那份资料后，觉得肯定毫无问题，大家都会同意。但是没想到事情并不顺利，理由很简单，几千元的涨价太贵了。

各代表进行发言，本来一直沉默、说话没有自信的人，一说到钱的事，就表现出主人的样子，表达自己的意见。

最不能妥协的是持第 1、2 种想法和持第 3、4 种想法的人。

现在涨价势在必行，因为现在不涨，以后公寓房的财政状况一定会出现困难，会导致突然的大幅增长。准备长期持有的第1、2种人的想法是：大幅涨价后难以支付每月的维修基金和管理费，可能只能搬到便宜的公寓，即使想搬走，出售之前房屋维修需要很大一笔支出，如果没法支付维修费，那也就意味着卖不出好价钱。

可是持第3、4种想法的人的意见却是：20年后现在的房子已经不属于他们的可能性极大，想到自己到时候已经不在了，对于追加的维修基金和管理费，他们是不情愿支付的。

特别让我吃惊的是"第4种，即已经退休在家过老年生活的人"。其中有60岁以上、有几个已经快70岁的老人，他们的意思是，20年以后自己都不在这个世界上了。

确实，依靠养老金生活的拮据、预测差不多都不在人世了的20年后的计划，逻辑上再讲得通，他们觉得这与他们毫无关系的想法也是可以理解的。

但是，最终决定不应该由个人的情况决定，需要考虑适合全体的最好方案。但是，这种"应有的结论"始终没有定论。

有人甚至说："涨价的那部分太高了，我们负担不起。"着实让人目瞪口呆。结论定不下来，谈话越来越离谱……

这时，平时温厚的业委会主任扯着嗓子喊了起来："业委会主任的责任很重大，各位知道吗？"然后，"啪"地一拍桌子，算是宣布会议结束。"业委会主任的责任很重大"的说法为什么在这个时候会冒出来，到底什么意思我也不是很明白，但是很显然，负担费用的提案是不了了之了。这就是社会复杂性引起混乱的一个实例。

我亲身体验到长期居住和短期居住之间的对立，以及合乎逻辑、顾全大局的信念与不管什么理由就是不希望涨价、不愿付钱的信念之间的矛盾，无论怎样讨论都无法达成共识。就像亚当·可汉所说的，业委会主任发怒后的一句话，是通过"强行压制"的方式，强行结束。这也给将来留下了祸根。

上述讲的例子，看上去感觉特殊，其实在企业里这种事情也是经常发生的。

特别是在有关公司发展方向的问题上，经营管理层之间的意见完全一致反倒极其少见。有些社长为了解决这个问题，把那些怎么也说不通的人称为"不安定分子"，将他们弄到一个"事业部"，连人带部，卖给其他公司。这样虽然解决了眼前的问题，但是埋下了祸根，问题只是被暂时转移，有时会因无法及时解决而导致严重的后果。

3. 新兴复杂性：难以预测，无以应付

"新兴复杂性"是指从未遇到过的难以预测的变化而产生的复杂性。处于这种复杂性时，有时会发生非连续性变化。奥托博士指出，新兴复杂性有以下三个特征。

特征 1：问题的解决方法未知

特征 2：问题的全貌不明

特征 3：关键利益人不详

特征 1 和 2 是显著的"新兴复杂性"，回想美国的"9·11"恐怖袭击以及福岛核电站事故或许更容易理解。

基地恐怖组织劫持了飞机，撞向纽约世贸大楼，这种事谁都不会想到吧！这帮亡命之徒今后在什么时间、采取什么方式、制造怎样的恐怖事件都无法预测，以至于全世界都惶恐不安。

福岛核电站事故也一样，氢气爆炸后，大多数人都处于不知道以后会发生什么的惊慌混乱状态中。"燃料熔融"、"毫西弗"（mSv）、"微西弗"（μSv）、"贝克勒尔"（Bq），到处都充斥着这些外行人不知道是什么东西的名词，应该到哪里去避难？可以走到外面去吗？现在想起来，当时的自己是不是也处于那种不知该怎么做的状态呢？

像这种处于过去从未经历过的事情中时，说明你正在面临"新兴复杂性"。但是，新兴复杂性不只像类似美国的"9·11"恐怖袭击和福岛核电站事故的这种突发事件。

同样具备这三个特征的还有：1950 年只有 25 亿人的世界人口，到 2011 年已经超过了 70 亿人；全球变暖、生物多样性危机问题等，这些都是人类有史以来从未遭遇过的问题，而且是未曾有过的全人类需要共同面对的问题。

以上问题带来的影响，虽然很多科学家从各种角度进行模拟演示，但是到底会发生什么、以怎样的规模、什么时候发生都无法推测，又因为全人类都是利益关系人，谁是关键利益人也无法推测。

大家可能认为只有社会性的问题才是新兴复杂性的问题，其实不然。

在家庭中，如育儿问题，对于有了孩子的父母，就是新兴复杂性问题。谁对孩子的影响更大一些，即使可以推测也不能说得绝对准确，怎么做才算是为了孩子好，充其量也只是摸索而已。这个摸索的结果就成了此前我们提到的拿着竹剑监视孩子学习的那个父亲的行为。

对有自闭倾向或患有抑郁症的孩子的父母来说，因为自己没有过那种症状，没有经验，更不知道该如何应对，非常苦恼。

在企业经营中，政策壁垒很高的国内市场保持稳定，因为信息技术的应用，壁垒被破坏；社会老龄化导致市场消费进入瓶颈；国际化的竞争；

这些都是新兴复杂性的问题，都有可能让我们陷入过去从没有过的、无法预测的状态中。

1.7 U 型理论是解开三种复杂性问题的钥匙

详细解读了三种复杂性，是不是发现我们现实生活中遇到的一些"棘手问题"属于"复杂性问题"？问题知道了，也知道属于哪种类型，具体该怎么做？U 型理论的意义就在于此。

亚当·可汗对三种复杂性的低效解决途径和高效解决途径整理了一张表格（见表 1-1 ）。

表 1-1　三种复杂性和对策

复杂性的三种类型	低效解决途径	高效解决途径	对策
① 动态复杂性 原因和结果因时间和空间上的分离导致的复杂性	"分解、单个解决" • 分析方法 • 单个最优化 • 对症疗法	"系统整体" • 整体性（着重点在相互作用上，感知"系统"的关联）	系统思考
② 社会复杂性 价值观、信念、利害的差异而产生的复杂性	"专业性和强制解决" • 专家指导解决 • 由权力或权威决定	"有关人员一起献策" • 利害相关者或持有不同价值观的人一起解决问题	参与
③ 新兴复杂性 难以预测的变化产生的复杂性	"沿袭过去的方法" • 最高效的方法 • 过去的实例 • 成功案例	"正在生成的未来的涌现" • 下一个行动方案 • 头脑、心灵、双手三者的互动 • 艺术性的实践	新兴

　　当我们遇到问题时，通常会采取的做法："现状分析，找出原因，对症下药；听取专家的意见或者由权威主导；借鉴过去的成功事例；等等。"不只是企业，几乎所有组织都认为这是最好的做法。

　　亚当·可汗指出，正是因为这种方法无法解决问题，问题才会堆积起来，或者作为这种方法的副作用，引发其他的问题。我们将其归类为"复杂性问题"，用上述方法来解决的话，就会导致效果不佳。

第 2 章

U 型理论引发的
模式转变

"分娩体验"般的 U 型理论实践

  介绍 U 型理论时，会出现两种不同的反应：一种是"U 型理论很难理解"；另一种是"这个理论简直就是在描述我之前经历过的体验，太熟悉了"。

  奥托博士在提出 U 型理论时也说过："对我们来说，这并不陌生，只是我们自己不知道我们其实是知道的。"组织的决策者、企业的领导、学校的校长等承担系统变革的人，做着某项专业性工作又需要创造实践的人，往往会有这种反应和感受。

  越是希望在没有答案时寻找新答案的人越能深刻体会"我知道那是怎么回事"的感觉。我认为 U 型理论有"难以理解"和"非常熟悉"两种反应的原因是，有无亲身体验过，以及即便体验过，也难以用语言表达出来。

  这就如同男人无法体会分娩的痛苦和幸福一样。"分娩的痛苦就好比从鼻子里取西瓜"，即使这么说了，还是不容易理解。费尽心力想表达清楚的妈妈们也觉得"很难用语言表达"。

  也就是说，当我们需要说明那些如果没有亲身经历过就无法理解、无法讲清楚的事情，并使其成为可以实践的可能性时，U 型理论提出的以下三个新观点，可以促进模式转变，也就是帮助你转换以往的经验框架。

  观点 1：向正在生成的未来学习

  观点 2：着眼于行动的"源头"

  观点 3：着眼于"社会场域"的三个过程

观点 1：向正在生成的未来学习

2.2

首先，观点 1 是向正在生成的未来学习。在介绍之前，我们先来看看相反的做法，即"向过去的经验学习"。

我们从小就被鼓励要反复学习，从失败中学习。虽然说学到多少内容与个人的差异相关，但学习的模式却大同小异。

"改善"的代表是 PDCA 循环，它包括计划（Plan）、行动（Do）、评价（Check）、改善（Action）四个部分，在现在的商业环境中得到一致公认，并被视为神圣的管理方法。这种回顾过去的学习模式，奥托博士称为"向过去的经验学习"。

像 PDCA 循环这样"向过去的经验学习"的模式会一直被使用，并继续发挥它的效果。但是，奥托博士认为，当我们遇到复杂性问题时，单单依靠过去的经验是完全不够的，尤其是在"新兴复杂性"环境下，要处理的是过去从未经历过的问题，单凭过去的经验是有局限性的。

U 型理论提出"向正在生成的未来学习"的新观点，和我们已经习惯的"向过去的经验学习"有着完全不同的含义。

"向过去的经验学习"是在回顾过去、进行分析、提出新假设之后推导出新的答案。与此相反，"向正在生成的未来学习"则是听从自己的内心，把从内心涌现出来的想法结晶并注入血肉的过程。这和艺术家完成作品的过程很相似：先有突发的灵感，然后开启智慧，以偶然的产出为基础，运用双手完成最后的作品。

实际上，在 U 型理论的实践过程中，我们会把黏土或者手提包里的化妆品、手机、橡皮、钱包等小物件全都放在桌上，什么都不想，仅凭感觉动手制作一个原型，完成之后再考虑其中蕴含的含义，并开始行动。

"向过去的经验学习"是开始新的规划时，通过验证过去的结果就知道未来会发生的情况，这种模式在实行时就已经知道接下来会发生什么，是左脑在工作。而"向正在生成的未来学习"，让人有一种忽上忽下不确定的感觉，但心里确信它一定是存在的。

我认识的朋友中有多次成功开展新事业的人，也有虽然年纪很大，但还能不断设计出年轻人大爱的商品的设计师。这些人有一个共同点，就是灵感到来时，即使周围的人按照过去的经验都不予以支持，可是他们确信自己一定会成功。对于这种"向正在生成的未来学习"的模糊性和可能性，有"学习型组织"之父之称的彼得·圣吉在《U 型理论》前言中是这样写的："向未来学习对创新至关重要，需要直觉，需要接受高度的模糊性、不确定性以及具有勇于失败的精神。我们要敞开心灵，接受过去不敢想象的事物并且要尝试不可能的事情。虽然也会有担心和风险，但是只要想到一些重要的事物正在生成，将带来真正的改变，而我们自己是其中一部分的时候，所有的一切都变得值得了。"

像 PDCA 循环一样，要想得到有效的成果必须经过训练。"向正在生成的未来学习"的模式也是可以掌握的。

观点 2：着眼于行动的"源头" 2.3

其次，观点 2 是着眼于行动的"源头"。着眼点不是"行动"，而追溯到行动的"源头"。

当没有得到期望的结果，或者**希望得到更好的结果时，我们往往着眼于"做什么"或"如何做"**。参考"做什么"或"如何做"的方法和成功事例不乏其例。前面所说的"向过去的经验学习"大多数都以回顾"做什么"或"如何做"作为解决问题的突破口。

奥托博士指出，这样做有一个明显遗漏的领域，或称为"盲点"。**这个遗漏的领域就是"行动来自何处"的"源头"。**

"这个行动从哪里开始？"

"这个行动的'源头'是什么？"

这两个问题不仅不常见，不被一般人所熟悉，而且一时难以理解。就是因为不知道怎么回答，才会认识到这是一个"盲点"。着眼于这个"盲点"才能产生模式转变。奥托博士用画家绘画来比喻"影响结果的'盲点'所在的领域"（见图 2-1）。

- 创作过程的结果生成的"东西"，即画面（What）
- 绘画的过程（How）
- 站在空白画布前画家的内在状态（Who）

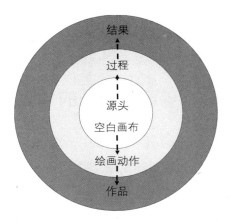

图 2-1　影响结果的"盲点"所在的领域

不管是（What）画面还是（How）绘画的过程，这些都是可以看到的。而空白画布前站着的画家的内在状态，即使他人能推测出（Who），也不会知道真正发生了什么。**这个第三者无法知晓的（Who），是行动的"源头"，它与取得卓越成就有着很大的关联。**

很难从概念上理解（Who），也很难立刻明白为什么它与卓越成就有着很大关联。下面用运动比赛和表演发挥的人的差别来进行解释。

在演练的时候，大家的水平都差不多，可是一到关键时刻，发挥超常和发挥失常的人却往往有着截然不同的结果。

发挥超常的人虽然紧张，却能将这种紧张转化为动力，形成既紧张又放松的状态。而发挥失常的人始终处于怯场状态，身体僵硬。在这两种情况下，我们很容易想象出内在状态对头脑清醒和身体灵活性的影响。

单独来看紧张问题，有点像压力管理。在充满紧张感的现场，为什么有的人能做到放松，有的人则更紧张——这个不同就在于（Who）的不同。也就是说，自己**"作为谁站在这里"**。

处于"精彩的表现让观众深深感动"状态的人站在现场中，和处于"关键时刻总是失败"状态的人站在现场中的区别，就是"我是谁"的不同导致的内在状态的不同。不仅运动、表演是这样，我们每天的业务、平时的产品生产、艺术创作也都是这样。

奥托博士对世界领袖人物的访谈发现，在任何情况下，"作为谁站在这里"的不同，导致的差异非常巨大。这个领域的质的提升，能影响结果的质量。

可能有不少人会这么想："你说的就是积极性吗？积极性高肯定是好的。U 型理论也只不过冠上个高大上的名字而已，内容也不过如此。"事实上，U 型理论所要阐明的是更深层次的东西。

当我们达不到预期结果时，往往希望通过改变"做法"来解决问题。如果这个"做法"的改变有效果就没有问题了；但是在无效的时候我们往往还会考虑如何改变"方法、流程"以解决问题。这就好比对不爱学习、整天沉溺于游戏的孩子说"你要好好学习"，如果不听话，就限制他的游戏时间，或者承诺如果他的考试成绩提高就答应给他买游戏软件。这些都只能导致结果更加恶化。这种"做法"和前面提到的父亲拿着竹剑盯着孩子做作业如出一辙。那位父亲可能一开始没有拿起竹剑，但是尝试了很多方法后，他实在没办法才想出了这个极端的做法。遗憾的是，这个做法不仅没有得到想要的结果，还严重打击了孩子的自信心，对他以后的人生也会产生影响。

或许有人会说上面讲的只是一个特殊案例。下面我们就描述一个公司内部经常能见到的、大家习以为常的"做什么、如何做"的例子。

对于一个业绩不佳、干劲不足的青年员工，领导或前辈开始时会热情友善地对他进行指导。如果这个员工不上心，领导和前辈指导了几次，他还是不知道应该怎么做。领导和前辈就会逐渐失去对他的耐心，语气会变得严厉，批评他说的每句话。因为他们不知道他每天在做什么，希望他能及时汇报所做的事情，最后这个青年员工变得郁闷或者辞职离开公司。

对于旁观者来说，这和拿着竹剑盯着写作业的父亲是一样的。可能有人会说："公司太欺负人了吧？那么做不会有什么结果。"但对领导和前辈来说，他们已经尽力做了他们所能做的。他们或许会反驳："如果有其他办法，你们可以来试试。"

对于这种状况，U 型理论的解释是，不但要关注到"做了什么"或者"怎么做的"，更要去到行动的"源头"，即关注到行动"来自何处"这个着眼点。即面对这个员工时，领导和前辈为何会变得不耐烦，固执地坚持自己的做法——从而连接到自己行动的源头，并转换它。在这种情况下，即使管理方式和给予建议这些看得见的行动没有变化，行动的本质也会发生改变，最终结果也很有可能不同。

观点 3：着眼于"社会场域"的三个过程 2.4

最后，观点 3 是着眼于"社会场域"的三个过程。社会场域在 U 型理论中是最重要的概念，是 U 型理论的核心。在这里，先简单介绍这个概念。

我们有时会说"没有意义的讨论""没有意义的谈话""没有意义的时间"，这个时候我们着眼的是"没有意义"这个表现所带来的影响，是"没有结果"这一事实。

那么，为什么"没有结果"呢？就好像"不毛之地"的原意是土地贫瘠，长不出农作物。这里想说明的是，如果没有结果，不是种子本身的问题，而是土壤质量导致的。大家是不是有所启发？

奥托博士把这个"土壤质量"称为"社会场域"。在奥托博士的世界观里，他认为在任何时间、任何空间都蕴藏着积极的"种子"，可使其"发芽"的可能性。至于"种子"到底能不能"发芽"，就与"土壤质量"即社会场域有关了。

要想庄稼收成好，要先耕地。**要开垦干燥、贫瘠的"社会场域"（社会的土壤），就需要经历 U 型理论的过程（以下统称 U 型过程）。**开垦这个社会场域的过程就是"转换"从哪里开始的行动"源头"。

我们在这里所说的"土壤质量"，也就是社会场域到底是什么。

"社会场域"这个词是一个特殊用语，是我们为一种无法用语言表达的感觉所起的名字。通过体验去理解社会场域并不难。只是社会场域是否能够被耕作，则是一个未知数。在很多情形下，U 型理论希望有意识地培育这个场域。

奥托博士从微观和宏观两个角度对社会场域进行了阐述。

从微观视角来看，社会场域是指每个瞬间、每个人的内在状态以及场域的质量。在前面说过的"没有意义的讨论""没有意义的谈话""没有意义的时间"的场域中，场域的气氛黯淡，会话只停留在表面，感觉不到谈话的深度。处在这个场域中，心情难免会急躁，不禁会问自己："谈话的目的是什么？""说了那么多还是没准确表达，算了吧。"

人多的场合是这样的，一个人的时候也是无所事事地度过的，或许也会有一种空虚的感觉。处于那种内在状态或场域是"不毛之地"时，社会场域是贫瘠的。

相反，互相深度聆听、深度共感的状态，如团体比赛时，团队成员之间融为一体，完全沉浸在比赛中的状态，可以说是正处于深度的社会场域中。

深度进入社会场域时，容易生成激动人心的创意，容易融入成为一体，也容易产生自律行为。但是当社会场域贫瘠时，无论是多么合乎逻辑的解决方案，执行时因为没有产生强烈的共感，容易陷入"有结果了是好事，可是我不大感兴趣"的事不关己的状况，也不会出现突飞猛进的效果。

例如，之前介绍的凯丝美公司，长年挣扎在业绩低迷状态，但始终没有找到有效措施应对，原因是在社会场域贫瘠的情况下想通过各种策略解决问题。

从宏观视角来看社会场域，包括群体、团队、组织、社会等，涉及存在其中的是何种意识形态，营造了怎样的氛围、文化风俗，以及它是根据怎样的制度或机制形成的，都需要考虑。

举一个简单的例子，重组后因独裁经营导致员工疲惫不堪的公司，或者那些称为"官僚的""政府机关"里只关心自己工作范围的教条主义的组织。旁观者看着总觉得这样的组织经营状况不好。这种时候，可以说社会场域是贫瘠的。相反，员工阳光热情、充满朝气的组织就是已经进入了深度的社会场域。

这里重要的一点是，给人感觉经营状况不好的公司，就某一瞬间从微观视角看，社会场域并不总是贫瘠的。例如，被领导怒骂之后的下属被同事邀请一起去喝酒，两人都有曾经被骂的同感，喝酒的时候就进入共同的社会场域。充满朝气的公司也会有场域贫瘠的时候。例如，因意见不合，其中一个人生气地离开会议室。这种使社会场域贫瘠的负面情况也会时有发生。

微观社会场域状况的累积能决定宏观社会场域的质量。相反，宏观社会场域的质量也能影响微观社会场域的状况。从这种意义上说，微观社会场域和宏观社会场域是相互影响的。

从宏观上看，关注近期的状况或所属团队、组织的社会场域是贫瘠的还是肥沃的。从微观上看，为深潜社会场域，我们应该怎么做。之后，观察对宏观社会场域产生了怎样的影响，然后再回到微观，深潜社会场域并采取行动，再去观察对宏观社会场域的影响。如此循环往复的过程就是 U 型理论的变革过程。

我们在第 3 章会介绍如何耕耘社会场域。这里，我们简要介绍基于社会场域的深潜所发生变化的 U 型理论的三个过程。

如图 2-2 所展现的，U 型理论的过程就是按 U 字形的曲线推进的。

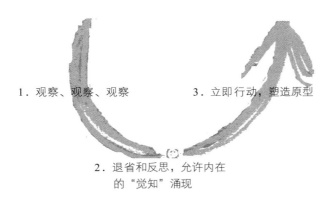

1．观察、观察、观察   3．立即行动，塑造原型

2．退省和反思，允许内在
的"觉知"涌现

图 2-2　U 型理论的三个过程

U 型理论的名称来源于模型的形状。"U" 不是什么词语的缩写。这个 "U" 的形状源于奥托博士拜访圣达菲研究所经济学项目的创始人布莱恩·亚瑟时的一个直接的契机。

在《U 型理论》中，奥托博士这样写道：

亚瑟会见了我们，谈到了商业界的经济构造正在发生的变化这个话题。他说："也就是说，认识到正在逐渐生成的形态，并顺应它，就能获得真正的力量。"随后，他又谈到了两种不同层次的认知："大多数都是常态意识范围内的普通认知类型；但是，还有一个更深的层次，相比'理解'，我觉得称为'觉知'更合适。"

"设想一下，"他说，"硅谷的某家公司让我去解决问题——不是某个具体的问题，而是一个复杂动态的情况要我去搞清楚。我会观察、观察、再观察，然后后退一步。如果顺利，它就会触及我内心深处的某个地方，让'觉知'涌现出来。"他继续说，"你等待再等待，让你的体验自动萌发并呈现出适当的结果。从某种意义上讲，这不是要你做决定，要做的事会自然清晰地呈现出来。你不能操之过急，这个过程在很大程度上取决于你真正的意图和你的为人。经营管理方面也是一样。我想说明的是，'内心的源头涌现出来的自己'是非常重要的。"

亚瑟请我们想象一下，假如苹果公司决定从百事可乐雇用一位首席执行官会发生什么情况。如果那位领导停留在最初的状态，就会推行"降低成本、提高质量"，这肯定行不通。但是，史蒂夫·乔布斯来了——他能让自己置身困境的迷雾之外并以全新的方式进行思考。"乔布斯回到苹果公司时，还没人预见互联网的未来。但是，乔布斯让苹果焕然一新。"他继续说道，"顶尖的科学家也是如此。非顶尖的科学家能够遵循现有的模式并套用某些情况，而顶尖的科学家则可能后退一步耐心等待，让合适的结构自发形成。我不认为这些人比优秀科学家的智商高，但是他们拥有这种觉知的能力，这正是两者的差别所在。"

日本和中国的画家也具备这种"觉知"能力。亚瑟说："他们整个星期都坐在挂着灯笼的窗台上，只是凝神眺望，然后突然之间，他们会'哦'的一声，并迅速完成画作。"

在拜访结束后回家的路上，奥托博士把谈话关键点描绘了出来，详见图 2-2。

我们在后面会详细介绍这三个过程，这三个过程是 U 型理论的基础。

1. 感知=观察、观察、观察

排除一切先入为主的观念，在这种情况下即使对现有情况进行了周密的分析，也不要期待什么结果。只要完完全全耐心地观察，你就会从"做什么"或"如何做"转换为"从哪里开始"了，即着重于转换行动的"源头"。经历了这个过程，同时也是在培育社会场域。

2. 自然流现=退省和反思，允许内在的"觉知"涌现

进入第一个过程后，在社会场域中慢慢深潜，它是一个通过自己的内心迎接"正在生成的未来"的过程。布莱恩·亚瑟认为那不是常态意识范围内的普通认知，是一个更深的层次，"它超越了理解，用'觉知'一词更合适"。这种进入"觉知"的过程，奥托博士称为"向正在生成的未来学习"。

3. 创造=立即行动，塑造原型

通过自己的身体"容器"，让涌现出来的"觉知"初步成型，进行具体化、实体化是最后的过程。

让涌现出来的"觉知"初步成型，进行具体化、实体化。我们不太容易理解什么是涌现出的"觉知"，但在内心深处是"明白"的。有时这类"觉知"由于模糊而难以用语言表达。我们追随直觉给这种淡淡的感觉中潜藏的"觉知"的种子赋予一定的形状，并从周围得到反馈，使其快速转化为行动，然后再应用于实践。在后面几章，我会把三个过程分成七个活动，介绍其中的详细内容和实践的重点。

以上是 U 型理论的三个新观点。你是不是对每个观点有既熟悉又陌生的感觉？前面讲过，那是一种伴随着体验分娩的痛苦和幸福后才能深刻理解的感受。现在就让我们抱着这种莫名的感觉，继续阅读下一章。

第 3 章

U 型理论的七个活动，
促进本质的变化

U 型理论的七个活动

在第 2 章的最后，我们介绍了 U 型理论是由"感知=观察、观察、观察""自然流现=退省和反思，允许内在的'觉知'涌现""创造=立即行动，塑造原型"三个过程构成的。

下面通过七个活动来详细说明这三个过程，并介绍各个活动的含义。

U 型理论是实现变革的方法，更准确地说，它是变革的原理，为了更容易掌握引发变革、促进创新的方向，希望大家能将 U 型理论当作指导路径来加以运用。

因此，对于 U 型理论越是熟悉，越可能从以往的那种为了控制周围的事态而没头没脑地算计，以至于左右碰壁，或者陷于各种方案而无所适从的做法之外，找到不同的解决思路。**反过来说，由于 U 型理论并非技巧或者手法，因此它不是只要依葫芦画瓢即可的东西，是要求我们首先尝试，然后对照原理，即兴地改变设计。**

接下来，按顺序介绍这七个活动，请不要刻意去想具体该怎么做，只是把这七个活动作为熟悉 U 型理论的操作索引。你要做的就是实践。遇到问题时，翻开书看看，并让其鲜活起来。

U 型理论的七个活动如下所示（见图 3-1）:

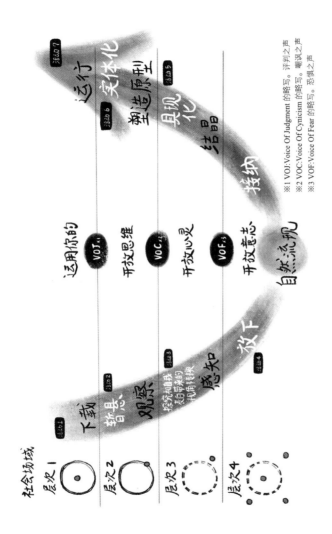

图 3-1　U 型理论的七个活动

※1 VOJ:Voice Of Judgment 的略写。评判之声
※2 VOC:Voice Of Cynicism 的略写。嘲讽之声
※3 VOF:Voice Of Fear 的略写。恐惧之声

1．下载（**Downloading**）：再现基于过去经验形成的模式。

2．观察（**Seeing**）：保留判断，用新的视角看待问题。

3．感知（**Sensing**）：从场域中获取。

4．自然流现（**Presencing**）：连接源头。

5．结晶（**Crystallizing**）：明确愿景和意图。

6．塑造原型（**Prototyping**）：愿景和意图的具化。

7．运行（**Performing**）：新的做法、计划、习惯的实践化。

这七个活动和前一章介绍的三个过程对应如下："感知=观察、观察、观察"是活动 1~3；"自然流现=退省和反思，允许内在的'觉知'涌现"是活动 4；"创造=立即行动，塑造原型"是活动 5~7。

1~4 四个活动是培育社会场域，主要介绍的是促进转换行动的源头到心灵深处的过程。5~7 三个活动是具化的过程。那么，活动 5~7 与社会场域没有关联了吗？不是的，在活动 5~7 具化过程中，微观意义上的社会场域是自始至终存在的，每次都需要进入深度的社会场域。如图 3-2 所示，它是一个在多次潜入 U 的底部，培育社会场域的同时，产生行动的过程。

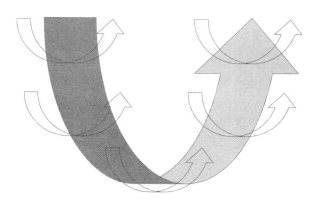

图 3-2　多层展开的 U 型过程

社会场域分成四个层次，它采用表示瞬间状态的词语来表达 1~4 层次。

此外，奥托博士将作为人的意识状态的四个层次称为"注意力的场域结构"，而将集体的状态称为社会场域，并将这两者严格区分使用。

活动 1: 下载

1. 再现基于过去经验形成的模式的状态

七个活动的第 1 个是"下载"，从社会场域的观点来看处于第 1 层次（见图 3-3）。活动 1~4 是转换个人或集体的行动源头，促使"内在状态"变化的层次。它着眼于意识状态，而非行动。

在我开始讲解之前，先请大家看一封几天前一个熟人发给我的邮件。请耐心读完。

（※ 本人同意转载，姓名已做处理）

中土井先生：

好久不见。我是某某。

我非常想告诉您一件事，所以才冒昧地给您发了这封邮件。

现在要说的这件事，如果别人听了可能会认为我脑子有问题。但是，不说又不行。我觉得您看了以后或许会理解我。

情况是这样的，我最近和外星人一起唱卡拉 OK 了。你或许会认为我是在开玩笑，但那是真的。上周末我去外地出差，晚上没事做就一个人跑去唱了卡拉 OK。

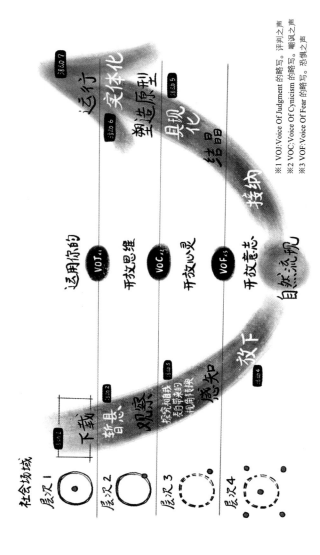

图3-3 U型理论的七个活动（下载）

※1 VOJ:Voice Of Judgment 的略写。评判之声
※2 VOC:Voice Of Cynicism 的略写。嘲讽之声
※3 VOF:Voice Of Fear 的略写。恐惧之声

我喝了一点酒，断断续续唱了一会儿喜欢的歌之后，忽然一道耀眼的亮光闪入房间。我的眼睛都快睁不开了。大概 5 秒之后，亮光慢慢变弱。我睁开眼睛，看见房间的桌子上站着一个外星人，它就是电视上经常看到的那种大眼睛、银色的外星人。

我感到很害怕，心脏都要从嘴里跳出来了。我很想从房间里逃走，可是就像被什么东西控制一样动不了。我还以为是别人在搞恶作剧。但是看来看去不像，它是真真切切的"活生生的东西"。就在我不明状况、脑子一片混乱的时候，它开始跟我说起话来。

我一开始不知道它在说什么。仔细一听，好像在说"不要害怕"之类的话。

之后我们彼此对话，就好像它平时居住在奥特曼的故乡，即有名的 M78 星云的星球上。现在是因"实习"的原因来到了我们地球。

然后，除了我，他还想结交其他的地球朋友，还拜托我给他介绍呢。

如果你有兴趣，中土井先生，要不要见一见它？在那之后我又见了它好几次。它真的是一个不错的家伙，而且绝对安全。它会告诉我很多我不知道的事，我也学到了很多知识。另外，它卡拉 OK 也唱得非常棒。（笑）

中土井先生，绝对不会后悔的。怎么样？考虑一下吧。期待您的答复。

读完这封邮件，各位是怎么看这件事的呢？

"什么意思，这种邮件？"

"啊，碰到奇葩的垃圾邮件了吧！"

"中土井和这种人打交道，很麻烦吧！"

"他说有话想说，但却说的是这种事？我看这人的脑子有问题吧。"

"中土井是出于什么想法，说这样的故事给我们听？"

……

大概会有困惑、臆测、评论，还有鄙视等各种想法在头脑中打转吧。大家内心出现的这种状态，就是我们说的"下载"。在下载状态时，我们不能集中于眼前的现实，不能用新鲜好奇的眼光关注事物，所以成果是有限的。

在这里我要跟大家道歉，这封邮件实际上是我编造的。为了让大家切身体验下载状态，所以我用了极端的事例，希望大家能原谅。

这个下载是指"再现基于过去经验形成的模式的状态"。奥托博士把它用图 3-4 表现。外侧的圆是"过去经验形成的模式"，圆的中心是意识的焦点。这张图要表现的是在"基于过去经验形成的模式"内侧，人的思维和意见被再现，而意识又被聚焦在这样的思维和意见上。也就是说，意识被其剥夺了。

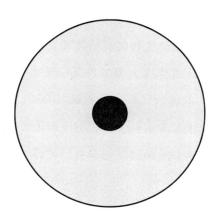

图 3-4　层次 1：下载

这么说比较抽象，我们一个个来说明。

先来分解"过去经验形成的模式"（以下称为过去的模式），不是"现在"也不是"未来"，是"过去"某个点的经验形成的"模式"。

往往我们在与人初次见面时感觉谈话投缘，兴趣十足。然而几次见面

后如果我们觉得对方还是用同样模式的话题老生常谈，在一起的时间就
会越来越无聊。你是否也有同样的感受呢？同样，恋爱和结婚也是一样。
我们常用倦怠期来表现这种枯燥无味的状态。以上这些我们称为"下载"
状态。

　　一开始觉得新鲜，后来逐渐变得无聊，最终变成"老生常谈"的原因
是经验形成的框框太多，并且进行了模式化处理。我们不仅模式化对方的
反应，还给对方贴上"随便的人""话多、只在乎自己的人""脑子里只有
工作"的标签，最终完全失去兴趣。

　　这种过去模式的构筑，称为人类的正常环境顺应机能。如果不能构筑
过去的模式，那么每做一件事情都需要别人教你，还要重新学习。例如做
菜，即便做同一道菜也必须看菜谱才行。由于模式化处理事情效率提高，
所以对过去模式的构筑是人们赖以生存的重要条件。

　　但是，想要得到过去经验中没有的变化时，过去的经验有时会成为绊
脚石。这是奥托博士想要阐述的重点。从个人来说，那些被认为是一根筋、
顽固、死脑筋的人往往只活在过去的经验中，缺少灵活性。从组织来说，
就会进入一种被讽刺为官僚主义、吃老本、大企业病等的状态，这些都会
阻碍组织创新的发生。

　　凯丝美公司也被过去的模式所拖累。营业部说："市场部没听到客户的
心声，生产着卖不掉的产品。"市场部说："营业部把卖不掉的理由全都推
在产品上，根本就没有用心卖。"彼此互不信赖，就不可能形成一起去拜访
客户的融洽状态。

　　过去的模式起作用时，对生产效率的提高是有帮助的。但是在不断重
复中，也会失去兴趣，从而导致行动效率低下。习惯用过去的模式处理问
题，往往无法觉察出环境发生的细小变化。凯丝美公司的营业部和市场部

都给对方贴上了固有的标签，所以一直维持着没有成果的旧模式。如此一来，创新就会变得很难实现。

下面，我们来解读"再现"。不是"再生"，而是"再现"，这一点很重要。

我们再看一下刚才的外星人邮件。为什么这封外星人的邮件马上会有"什么意思""到底想说什么"的反应。那是因为在我们的模式里，有"不可能和外星人一起合作"的固有模式。

在遇到过去的模式里没有出现过的"和外星人一起唱卡拉 OK"的情形时，**我们会"再现"过去的模式，然后无视否定，有时会使用"停止思考"的手段，试图自动延续那个过去的模式。**

相反，如果是出现"和朋友一起唱了卡拉 OK"这种在过去的模式范围内能处理的"无聊信息"的情形时，又会把它当作"都知道的事""没什么奇怪的"予以自动处理。这个时候也是"再现"过去的模式，这是在旧有模式里形成的想法。

在收到"和朋友一起唱了卡拉 OK"之类的邮件时，很多人估计会说："哦，是吗，然后呢？"这些都是"再现基于过去经验形成的模式的状态"。

那么，"没有再现基于过去经验形成的模式的状态"是怎样的状态呢？**那是遇到正好推翻"模式"里的信息和状况时的状态。**以刚才的邮件为例，应该是"碰巧在卡拉 OK 时看见明星了"。"卡拉 OK 一般不会遇到明星"属于过去的模式，但是也很有可能颠覆这个信息。遇到这种情况时，我们通常会说"啊！真的，太厉害了！"等。这个时候，我们会**在那一瞬间忘记自我，定格于眼前的信息和状况。**那种状态和下一个层次的"观察"有关。我们会在下节详细介绍。

说点题外话。如果我跟小学一年级的儿子说："爸爸收到朋友发来的一封邮件，他说他和外星人一起唱卡拉 OK。""哇！好厉害，真的吗？真的吗？"
孩子说话的时候眼睛放光。（当然，后面我补充了句"这是胡说的"。）大人
和小孩的区别就在于面对相同信息时过去模式对自己束缚程度的强弱，它
会直接影响我们是进入下载还是观察。

2. 我们为何会禁锢在"过去的模式"

对于下载，我们再详细介绍一下。

邮件的例子比较极端。"下载"是 U 型过程的开始，作为习惯性动物的
我们几乎每天都是这么过的。我们的初期状态就是"下载"状态，**停留在
这个状态，会无法捕捉到当下的状况。无视、否定，抑或陷入思考停滞状
态，它也成了主要的学习障碍。**此外，如果一直在下载状态继续对话，社
会场域的质量也会下降。那些无意义的讨论，不但是浪费时间，有时甚至
还可能发展到相互对立，这些都有可能污染相关的社会场域。

奥托博士作为共同作者参与编写的 *Presence* 一书中，介绍了彼得·圣
吉在 20 世纪 80 年代和美国汽车制造厂的管理者的对话。

20 世纪 80 年代初，美国汽车制造厂的管理者为探索生产效率迅速提高
的日本厂家的秘密，频繁远赴日本工厂去考察。有一次，彼得与刚从日本
回来的管理者见面，几乎看不出他对日本汽车公司的赞叹表情，甚至还说：
"他们没让我们看到真正的工厂。"当他问到为什么这么说时，对方的回答
是这样的："工厂里居然没有库存，迄今为止组装工厂看得多了，这次见到
的不是真正的工厂，是为我们的考察特地准备的地方。"

这个评价显然是与真相背道而驰的，在几年后付出了沉重的代价之后，
他们才意识到自己的判断是错的。管理者看到的是与他们自己完全不同的
"JIT"生产系统，可惜当时他们还没有做好理解它的准备，因为他们无法想

象没有库存的组装工厂。他们看到的只是自己理解的认知范围内的事，没有办法用新鲜的视角去观察事物。

这个插曲已经不是其他人的事，因为目前日本也身陷世界经济之中。在日本，不仅在制造业工作的人，甚至一般消费者都认为日本产品品质优良。价格比发展中国家便宜，品质却高出一筹。现在应该还有很多人仍然这么认为。但是，已经出现发展中国家的产品在价格、品质方面都胜过日本的情况了。一位生产高科技产品零部件的外资企业的日本分公司社长是这么说的："近两三年以来，中国制造商生产出的产品质量就已经是日本制造商几年以后才能达到的。不用五年，日本会完全不敢对手。"几年前就有人说过类似的话。说实话，不身临其境，是没法体会到那种真实感的。从这个意义上说，我们自身就处于无视、否定、思考停滞的下载状态。

需要留意的是，**即使我们知道下载这种状态，头脑也理解了，但是我们也很难发现自己在无视、否定、思考停滞的状态里。因此很容易陷入学习障碍，以至于不能及时解决问题。**所以，培育社会场域的过程很重要，关键是转换行动的"源头"。

或许有人会提出反对意见："再现基于过去经验形成的模式，或许不是全新的，但是，为什么说这个状态和创新不能连接起来呢？"而且 "再现过去的模式，如果那是好的模式，结果也是好的啊？大家都没有见过没有经验的著名企业家吧？做出速战速决的完美决定，也需要过去的经验作为参考。不管是在经营领域，还是在运动、艺术领域，超一流的人无一不认真对待自己的过去呢！"

实际上，这里的"下载"隐含着深刻的含义。为了更准确地表达"再现基于过去经验形成的模式的状态"，这里的"下载"指的是根据过去的模式行动，意识会指向"过去的模式"，是一种被禁锢的状态。

被禁锢在"过去的模式"时，意识不会转向外界现实，自己头脑中展开的各种杂念把意识深深地束缚住。现实被歪曲，处于作茧自缚的状态。

例如，在婚宴上的讲话或在领导面前提出建议的情况，很多人都会有如下反应，虽然反复练习准备，可到了关键时刻却紧张得语无伦次，越说越不知道自己在说些什么；在领导面前，思考水平却比平常更差，前言不搭后语，说了不该说的话，后悔莫及。以上这些，应该很多人都有体会。所有这些都是由于被"不擅长在人前说话""一定要成功""没人懂"的模式禁锢后的结果。

需要注意的一点是，有些人即使缺乏人前说话技巧，自知不擅长，但是到了紧要关头，先不管谈话方式是好是坏，他能做到镇定自如，吸引、说服他人，也就是说有临危不惧的能力。这种人没有被"不擅长在人前说话"的模式禁锢，而是关注于眼前发生的现实，所以出现了好的结果。

也就是说，如果单纯地将基于过去的经验生成的技能"再现"（实际上近乎"创造"）的话，也许能够像一流运动员那样，进行存留在记录和记忆力的高水平发挥。可实际上，正是因为被拘束于既有的模式，卓越的技能才打了折扣。

为了从这个被"过去模式禁锢囚禁的状态"脱离出来，达到称为"心流"的状态（一般人进入那种状态后会完全投入，注意力集中程度大幅提高、潜能发挥出最大限度），运动员以及演员采取的是不厌其烦、反复练习直到完全巩固。这一点不仅对运动员和演员有效，对商务人士也如此。一旦被禁锢在过去的模式里，不管是短期还是长期，他们的表现都会显著下降。就像刚才提到的演讲和婚宴现场。想象一下那种紧张得语无伦次的状态，更容易理解处于下载模式与高水平的发挥是多么无缘。

我们平时生活当中也经常遇到这种情况。我们终于鼓起勇气，准备跟领导倾诉自己的烦恼。但是，领导侃侃而谈他的"绝对真理"。当他处于下载状态时，根本没有办法听进你说的话。在这种情况下，对方说得越多，自己的积极性就越低。你可能心里想着以后再也不会主动找他倾诉了。同样，领导的心情也不好，他会想："我说了那么多，他都没有听进去。"很可惜，只能说他是在自作自受。

我来说一件之前在公司工作的事情。当时，有一位年长的事业部部长带着一帮年轻的下属去喝酒。我虽然不是这个部门的，但也被邀请一起过去。聚会一开始，那位部长就高谈阔论起来："营业额是最重要的，营业额上不去，后面就没戏了。"一开始听着还觉得他很热心，一小时不到，就觉得他的讲话时间太长，已经不想听了。其他年轻人也只是在"是的，是的，确实是那样的"表面敷衍着，顺着部长的意思始终说着同样的话。

发生下载状态的特征是，周围人为了不否定他人的"模式"，而迎合其模式，采取不痛不痒的态度的附和"模式"，也就是变成了"好好先生"。

这个聚会好比"下载的盛宴"，那位因为下属不停点头而兴致倍增的部长越来越主张自己的想法。我在旁边看着，只是觉得他可怜。心里想着："如此高谈阔论，最后又怎样……"社会场域越发贫瘠。作为非下属的我，决定以后再也不会和他一起去喝酒了。那确实也是我最后一次和他一起喝酒。另外，遗憾的是，那个事业部后来再也没有出现过好的业绩。

这里隐含着下载带来的弊端，眼前的结果看似已经初见成效，但是已经悄悄滋长了长期负债以及副作用的风险。

不管领导者过去经验有多丰富，如果持续自上而下的下载模式，有自己想法的优秀员工迟早会辞职，留下来的员工全都是"好好先生"。最后，基于过去模式、带有偏见收集的信息，做出的决定往往在几年后造成无法挽回的结果。

不仅领导者，当我们在谈论"问题在这里"时，如果得不到周围人的帮助，反而容易引起纠纷，我们可能正在遭受下载带来的危害。

但是，常常会出现本人根据过往的经验认为自己已经竭尽全力，因而对周围的人没有能够达到自己的期待而感到精神上的紧张，并进一步被这种模式所拘束这样一种恶性循环。

此外，自己陷入下载状态时，还会牵连周围的人也陷入下载状态。那位事业部部长在聚餐时口若悬河的演说，我也受到传染，进入了下载状态，想着："话可真多啊！能听听我们的话就好了。"

在这里，奥托博士把沟通交流的场域比作土壤。把它称为"社会的土壤"（社会场域）是有道理的。自己内心的"下载"状态会传染给在同一场域的人，就像土壤污染一样，社会土壤会变得干涸。

大家都有过听着下载式的演讲犯困、完全听不进在讲些什么、心情烦躁摆弄手机的经历吧。看到听众的这种表现，演讲者会感到压力而越来越紧张。我只能说这是一场很凄惨的演讲会。

由于歪曲处理周围的信息，导致决策质量下降，周围人的积极性也随之下降。同时，周围人的协助、信息收集的循环也会不畅，会阻碍自己和周围的人产生灵感。于是，到处蔓延着"这个公司没有前途"的消极看法，积极性也会逐渐消失。这就是下载的不良影响。

3. 防止陷入下载情境的三个观点

前面我们介绍了下载情境出现的状态，以及陷入下载情境会怎么样。同时，如果一个人陷入下载情境，还会传染给其他人。接下来，我们会介绍如何处理下载情境。

我们遇到的事情状况越糟糕，越容易陷入下载情境。失去爱的人，因承受太大的打击陷入太深，即使在十分了解下载的状态并能自如驾驭的情况下，也很难很快恢复，只能等待时间来慢慢疗愈。

当自己身处下载状态时，尽管没那么强烈，也会在自己还没察觉之前就感染到周围，使社会场域渐渐枯涸。处于一个干涸的社会场域中，我们就更难从下载情境中脱离出来，最终导致恶性循环。

防止陷入下载情境的重要观点有以下三个。

防止：发现自己的反应是下载的诱因。

发现：发现自己陷入了下载情境。

对策：创建容易从下载中脱离的状态。

得到有关下载状态的知识并不困难，但是要避免陷入这种状态，即使陷入了这种状态也能够迅速挣脱出来，则需要相当的训练。禅修者为了达到完全与下载状态无缘的境界，往往要打坐修炼几十年。

当然，阻止所有的事情陷入下载情境是很困难的。而让自己不容易陷入下载情境，或者容易从下载中脱离出来是可以做到的。在这里，我们介绍防止陷入下载情境的三个观点。

4. 发现自己的反应是下载的诱因（防止）

先介绍三个观点中的第一个，"发现自己的反应是下载的诱因"。这是在即将陷入下载情境之际，做到让自己尽早觉察到的防备策略。

人在自己生命遇到危险的时候，会自动反应，再现过去的模式，即陷入了下载情境中。例如，在电影院里遇到突然发生火灾类的紧急事件，观众往往会一片恐慌，致使情况更加严重。这是陷入下载模式的例子。

当生命受到威胁时，包括身体的危险，以及感觉恐惧等心理状态，在没有受过训练时，我们会完全不能控制自己，并立刻启动自动下载模式。

例如，在数百人的场合，突然间指名让一个人当众现场表演。一般来说，这个人会紧张起来，有时甚至会脸红心跳，声音发抖。除了这种特殊场合，说一些让人听了不舒服的话，对方会马上反击或者找借口辩解也是相同的情况。以上这些都是陷入下载情境的典型案例。

为了对自动反应的下载模式防患于未然，重要的一点是知道自己在什么时候会有怎样的反应。要客观看待这个反应。我们很难做到没有一点反应。但是，客观看待反应中的自己，防止陷入下载模式，稍微经过一些训练就能做到。具体做法就是发现自己的"触点"，或者"开关"。

现在列举几个容易引起反应的状况，大家边看边联想自己身上发生过的类似事件，练习打开情感"触点"的瞬间就能客观看待。

- 自身的存在、意见、言行、态度被轻视、被否定时

例如，被愚弄、小看、无视、你什么都不懂、你的做法是错的、否定对方，等等。

- 自身认定应有的做法和价值观被否定、被蔑视时

例如，感觉到对方的恶意时，觉得"应该跟我汇报"却没有汇报时，认为"应该好好珍惜钱"，对方却无法改正他的浪费习惯时，下属一意孤行做着不能提高效率的工作时，等等。

- 自己以及自己很关心的人受到伤害时

例如，贵重物品由于使用说明不详导致故障发生时，妻子怀孕坐车却没人让座时，等等。

- 自己非常喜欢的人受伤或东西破损时

例如，自己的孩子或朋友被责备时，钱包被偷时，爱车被划伤时，等等。

- 事情没有按着自己的意愿进行时

例如，火车故障延误重要的约会时，交给下属的工作不但质量不达标

还不能按时完成时，等等。

- 对自己来说不是很方便或者被人指责时

例如，被指责因玩忽职守而造成失误时，被追究隐瞒的外遇事件时，等等。

- 不能保持自然状态时

例如，非常紧张地接待客人，参加面谈或面试，在很多人面前演讲时，等等。

- 没有交集的讨论和争论时

例如，感到不管自己怎么说对方都没法理解时，自己想尽办法希望能说服对方，对方却用各种借口辩解予以反驳、否定时，等等。

- 身体不好，精神和肉体的疲劳难以消除时

5. 发现自己陷入了下载情境（发现）

前面所说的"发现自己的反应是下载的诱因"是防止自己陷入下载情境的方法。第二个观点是发现自己正处在"下载情境中"。

实际上，人在陷入下载情境中时，一般都很难察觉。例如，在旁边看着、听着的人都觉得不耐烦了，说话的人自己却全然不知，还在喋喋不休地继续那个话题；重复同样的争论；以同样的模式重复失败的事件。以上这些正是自己没有意识到自己已经陷入下载情境中的状态。

意识到自己已经陷入下载情境中，几乎可以说已经从下载中脱离出一半了。

"发现自己陷入了下载情境"与"发现自己的反应是下载的诱因"的相同点是，都能够客观地看待自己。不同点是：第一个观点是关注自己的反应，即一打开"开关"就客观对待。第二个观点是，**觉察到"陷入下载状**

态的自己"**，是客观看待自身内部发生的思考和情感本身。**处于下载情境时，头脑中涌现出的评判和杂念在 U 型理论中被称为评判之声（Voice Of Judgment，VOJ）。越能关注到自己的评判之声，就越容易发现自己正处于下载情境。

接下来，我们将介绍有助于理解下载和评判之声的实例。当自己陷入这种状态时，第一步试着先去发现自己，从"哦，我现在正处在下载情境中"这种觉察开始。

（1）下载情境中的聆听状态

首先，介绍下载情境中"聆听状态"的四个模式。

① 瞬间判别对方说的话："嗯，这话有点道理。""那个好像不对吧。"

这是判别别人说的话是对或错的一种状态。你是否有过听新闻节目的解说或者评论员评论时，觉得"说话的人好像不明白真正的含义"的感觉？那就是判别的下载状态。

特别在听到否定自己的价值观和信条的话时，我们不禁会想反驳："喂！在说什么？"这种情况很容易陷入判断式下载状态。

②"哦，那个我知道，我本来就懂。"把它当作已经知道的事情来处理。

接收信息时，用"哦，原来是说这个啊"的态度处理信息。例如，以下两人的谈话。

朋友 A："刚看完好莱坞电影，真不错！"

朋友 B："导演是谁？"

朋友 A："某某导演。"

朋友 B："哦，是某某导演啊，那人的电影情节展开都是一个模式的，一开始看觉得挺有趣的，看过两三部之后就觉得都差不多，没意思。"

朋友 B 应该是没有恶意的，只是听到"好莱坞电影"和"某某导演"

的信息，基于自己已有的印象在听对方说话。或许这次的电影正像朋友 B 所认为的那样，还是一个模式的。但是对话用下载模式处理后，和朋友 A 之间的微观社会场域在那个瞬间就贫瘠了。

十三年前我刚开始学习引导的时候，引导在日本还处于引入期，没有多少人知道。一位朋友引荐我与一位战略咨询公司的咨询师见个面。那位先生问我："什么是引导？"我解释给他听后，他竟然说："哦，在说积极聆听吧！那我也在做这个工作。"一听那话，着实让我非常失望。

当时，我还不了解 U 型理论，因此也没有底气多做解释，因为那位咨询师和我都陷入了下载情境，社会场域枯涸，之后再也没碰过面。

③"这件事情的结果呢？""到底想说什么？""啊，结果是这样的啊。"一边预测一边听对方说。

听对方说话时，"这个人话怎么那么多，重点想说什么？"急着找到结论，并预测出结果。所以对讲话内容提不起兴趣。你有没有过类似的感觉？这属于下载模式中的一种——先预测结果。持续这种状态的话，因为感觉已经知道了结果，所以会失去新鲜感，觉得对方没什么新意，很无聊。常常陷入虚无主义中。

更简单地说，"没有产生好奇""没有新的发现"的状态，就是陷入下载情境的表现。

④ 在听对方说话时，心里想着自己接下来想说的话。

工作场合的上级与下属之间最容易产生这种现象。上级站在指示、命令的立场，往往希望用正确的建议，有效率地进行对话。所以在听下属的同时，已经在自己头脑里组织自己想说的话了。

从上级的角度考虑，他觉得自己是边听边思考，实际上自己的意识已经转向脑中的下载模式了。从下属角度看，他会感觉上级没有好好听，自然就影响了谈话的兴致，对后面上级的话也是小心谨慎，越发显得自己语无伦次，最终也陷入自己都不知道自己在说什么的下载状态。

（2）下载情境中的对话状态

接下来，我们来介绍下载情境中的"对话状态"的两个模式。

① 根据过去的框架/经验，进行解释、建议、描述。

虽然他也在流畅地跟对方说话，但说的都是以前思考过的内容，而且他说得尽兴，多半还夹带着兴奋。这种没有新意的内容的状态也是陷入下载状态的一种。

经常有人说年龄越大脾气越固执，这正是沉浸在下载状态中的表现。年龄越大，越容易在过去的经验以及据此构筑的框架中去思考、判断。这种人的讲话没有新鲜感，其他人看着就知道他们是不会吸收新事物的"老顽固"。

当我们自己在发表意见时，可以自问自答以下问题："这是已经考虑过的事情吗？对我来说那是新的意见吗？"就容易从下载状态中脱离出来。当我们从下载状态脱离出来后再表达意见时，即使是平时考虑过、说过的内容，再次说的时候也能感受到一种新鲜的心情。

（另外，在达到层次 2 之后的状态后，有可能出现说着说着就忽然茅塞顿开的情况，可是在下载状态下，就连说话者本人都对内容感到厌倦，觉得索然无味。）

专门做企业培训的一个讲师经常提起自己因下载状态引起的"厌烦"。他在刚出道时准备新讲义，由于紧张因此反复训练。时间一长，他发现成功模式是相同的，最后连互动也模式化，还能预测出参加人员的开心时刻。在这种情况下，连对方的反应也在预料之内，完全是为了完成讲课的任务。这就是陷入了下载状态，没有一点充实感。

为了从这种状态脱离出来，为了能做到即使讲述相同内容也能有新奇的类似"现在、当下"冒出来的全新东西，很多培训讲师都在学习瑜伽、坐禅、合气道。

② 采取无关痛痒的态度。

它指的是附和对方的反应或周围的气氛，说好听的话，采取无关痛痒的态度。

奥托博士指出，在下载状态时，人们往往会根据对方的意思说话，即只说对方喜欢听的话。例如，重视销售业绩的营业部部长只重用有业绩的下属，对其他人态度极其恶劣。谁都不会跟他说："销售额上去有什么用？如果继续这种管理方法，没有人会真心实意听你的。"大家不仅不说，还会巧妙地拖延上报销售额下降报告的时间，并装出一副为提高销售额努力工作的样子。

还有，无关痛痒的态度往往还跟紧张感相关。场域隐含着默契的原则，也就是大家都会附和隐含的模式。商务礼仪中的会面，往往是互换名片并询问对方的工作状况。有时双方也会积极交谈，有时却不禁保持相对距离。

这种场合，一般不会发生明显的对立。在社会场域未能深入时，继续保持原来的状态会被认为是浪费时间，从而更加速下载状态。

（3）下载情境中的内在情绪

最后，我们介绍下载情境中有关"内在情绪"的两个模式。

① 不满和烦躁没完没了。

它指的是针对特定的人、状况、公司，有时甚至包括对自己的不满，是自己的内心埋怨膨胀的状态。

谁都有不满或烦躁的时候。如果这种状态一直持续不能恢复，就陷入了下载状态。特别是只要一想到那个和自己关系紧张的人，就会心有不悦、情绪不好，这时就已经陷入了下载情境。用这种状态与对方接触时，社会场域是贫瘠的，这一点需要注意。

那么，应该怎么做呢？首先，希望在还没到达"感知"状态前不要鲁莽行动，因为欲速则不达。在下载状态采取行动，极有可能造成毁灭性的过失，有时即使起作用，也只不过是维持现状而已。

② 指责他人、自我辩护的状态。

有指责他人、自我辩护的想法时，表示你已经陷入下载状态。

例如，"上级不能发出正确的指示，发现问题时总是逃避，以至于麻烦越来越大"；"连续加班疲惫不堪，妻子不能够体谅"。你可能认为这些无论谁看了都会觉得你是有正当理由的，其实你已经陷入了下载状态。

有人也许会说："虽然这么说，可不管谁怎么看都是上级有问题才弄成这样的呀。"但是，我们现在不是在谈论谁对谁错的问题，我们的重点是看是否会引发改变。因为即使大家都认为你是对的，团队的生产效率也无法提高。U 型理论的观点是，只有转换社会场域，创新才能产生。

从这个角度来看，有两种选择。一种是为了证明自己是对的而固执己见、破坏场域。另一种是选择从自我辩护这种下载状态中脱离出来，使场域充满创新的可能。从这个意义上说，从下载状态脱离出来的态度就是领导力。

以上是根据实践的经验解读状况、聆听、对话的典型的"下载状态"的例子。这些状况对我们来说是非常常见的，我想大家也能接受这一点。

6. 创建容易从下载中脱离的状态（对策）

最后，我们介绍"创建容易从下载中脱离的状态（对策）"。

这一点和第二个观点"发现自己陷入了下载情境"一样，是针对正处于下载情境的对策。但是，如果自己还不知道自己正处在下载状态，是无法实施相应对策的。所以"发现自己陷入了下载情境"是前提条件。

在这里先详细解释一下第二个活动"观察"。**单凭自己的意志是无法主动从下载状态脱离出来的，在生成能够覆盖过去模式的信息之前，下载状态只会继续。**因此，虽然说的是对策，其实它不过是创造如何从下载状态中容易脱离的状态。如果成功的话，脱离下载的概率会大大提高。我们把这个方法称为"**暂悬**"。英语的"暂悬"是 suspending。动词的 suspend 除了有"保留"的意思，还包含悬挂的意思。它非常准确地描述了"暂悬"的状态。

大家都看过悬疑电视剧和悬疑电影吧。悬疑这个词我们认为和 suspend 属于同一个词源。看着真正有趣的悬疑电视剧，情节一环紧扣一环，犯人到底是谁？留下了很多悬念，只能盯着眼前的剧情。那种感觉叫"暂悬"。看悬疑电视剧的时候，我们是受制于不可预测的剧本情节。U 型理论则建议主动的"暂悬"。

如果用外星人邮件为例解释，首先要注意到对"与外星人同唱卡拉 OK，那是不可能的事""里面肯定有什么秘密"等头脑中出现的评判声音。然后不要想"与外星人同唱卡拉 OK，那是不可能的事"，不要想"肯定里面有什么秘密"。把自己心中的想法先放在一边，并用语言确认。

换句话说，那就是"先保留评价、判断、结论和意见，让那种捉摸不定的感觉暂时悬挂起来"。

如何做到有效的"暂悬"？下面用刚提到的下载的例子来说明。我们发现自己正处在下载状态，在生成覆盖自己过去模式的信息之前，不要给出所有的结论。即使有结论也是暂时的结论，然后体会那种捉摸不定的感觉。如果没有能够覆盖自己过去模式的新东西，就得不出结论，也没有捉摸不定的感觉，那应该就是完全陷入了下载状态。

"暂悬"是一种越是习惯了就越不需要刻意而为就能达到的状态。但是，我们自认为已经做到"暂悬"但实际上并没有做到的情况比较多见。最后，介绍一下如何在练习"暂悬"的时候让自己有独特的心情。

近代进化论之父查尔斯·达尔文总是拿着笔记本用以记录与自己的理论和预测相反的观察及数据。这次我们介绍怎么使用这个方法进行"暂悬"练习。

① 在日常生活中频繁接触的人中选择一个与自己相处不大好的人。如果没有，就选一个你不能很自然交往的人。

② 把自己对对方的感觉及想法尽可能全部列举出来。

例如，"某某从不听别人的话""某某的逻辑思考能力不强""某某总喜欢把责任推给他人"等。

③ 在一周左右的时间内，只要一有对那个人的感觉或想法，就把它记录在笔记本上。如果觉得自己是在妄下定义或者贴标签，就告诫自己："或许就是那样的，或许不是那样的。"然后让这种捉摸不定的状态延续。为了更清楚自己是否正陷入下载状态，和那个人同处一段时间也不失为一个好主意。

这个练习的重点是不下结论、悬挂捉摸不定的心情，发现自己是否陷入下载情境。没有必要喜欢上对方，也没必要解决两个人之间的问题。只是去体验"暂悬"这种行为。如果能触及对方能打破自己过去模式的"意外的一面"，注意一下自己内心发生的变化。

活动 2：观察

1. 盯着眼前发生的事

前面一节我们详细介绍了"下载"，这里的下载是指"再现基于过去经验形成的模式的状态"。此外，还说明"下载"是人的意识指向过去已经形成的"模式"，是一种被禁锢的状态。

那么，接下去的"观察"也就是社会场域中的第 2 层次是一种怎样的状态呢？我们通过比较与"下载"的不同来介绍"观察"的特征（见图 3-5）。这个"观察"还与"内在状态"相关。比起行动，它更注重意识状态。

"观察"是"你的意识没有受到头脑中的杂念的影响，意识的矛头指向的是眼前的现象、状况、信息的状态"。

奥托博士用图 3-6 表现出来。它是那种虽然没有改变过去的模式，但却关注着模式之外的东西的状态。

那是怎样的一种状态呢？例如，你坐在电车上，拉着吊环看着窗外想心事。不经意地伸进口袋，发现钱包和手机都不在里面。你会不会一下子就惊慌失措起来？通常我们会在口袋里重新查找，把背包里的东西都翻出来寻找。

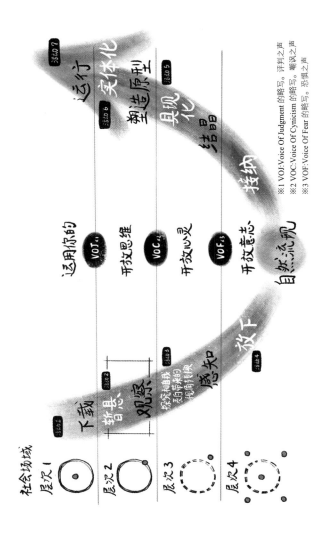

图 3-5　U 型理论的七个活动（观察）

※1 VOJ: Voice Of Judgment 的略写。评判之声
※2 VOC: Voice Of Cynicism 的略写。嘲讽之声
※3 VOF: Voice Of Fear 的略写。恐惧之声

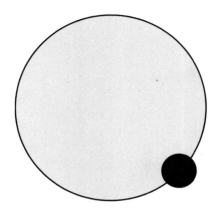

图 3-6　层次 2：观察

再举几个例子：

- 打保龄球时，第一投中了八枚，还剩下两枚。第二投的时候怎样投才能全中是关键。于是，煞费苦心在心里描绘着保龄球的轨迹，计算着如何先打倒一枚，然后倒下去正好碰倒另一枚，并屏息观望结果的状态。
- 玩速度射击游戏，连眼睛都不眨的忘我状态。
- 突然被提出分手时他的状态。
- 突然发现对手在收购自己公司时经营者的状态。
- 突然听到一直很信赖的下属想要辞职的想法时，上级的状态。
- 第一次体检报告出现异常时的瞬间感受。
- 突然被上级告知降薪的瞬间。

……

日常生活中大家都有吓了一跳，意识专注于某件事情、投入其中，完全被眼前的现象、状态、信息吸引的事的经验吧。这个时候共通的是，**意识被眼前的事情所吸引，而不是沉浸在自己头脑中的想法**。U 型理论称这种状态为"观察"。

为什么这种状态在"下载"后面，与创新又有什么关系？

"下载"和"观察"之间决定性的区别是：现在这个瞬间的信息来自哪里？请看图 3-7。

图 3-7 下载式对话和观察式对话的不同

在日常的上下级之间，下属经常抱怨"上级不理解""武断决定，不听取意见"，以及"说了也是白说"的无奈。

这种情况下，往往都是如图 3-7 显示的下载式对话。虽然上级要求下属交换意见，但是下属完全不接受他。他们不仅对结论没有反应，还丧失了对上级的信赖，抱着"被命令做"的被动心态工作。

处在下载的对话状态时，上级和下属的意识都是指向自己头脑中的想法。这种时候，虽然我们觉得是在用心接受新的信息，但实际情况并不是这样。充其量也就是基于过去的经验，即根据自己的想法或决定收集信息罢了。

下载的危害是用自己认为的或先入为主的观念处理信息，因察觉不到**现实中发生的变化，因此做出了错误的决定**。即使有时结论是正确的，也**让下属觉得上级"听不进他人的意见"**。几次反复后必然带来积极性下降、失去信赖感，会认为"即使是商量，结果最终也是他自己做决定"，以及产生"反正会被否定，按照说的做就是了"的态度。

"观察"是注意倾听下属一言一行的状态。每个人会有所不同，有些人"观察"质量很高，一个小小的举动、声调的变化、眼睛的转动等都会影响意识的变化。作为下属也会感觉到上级在认真听他说话，然后略带紧张地认真与其对话。甚至，为了能详细地理解状况，确认正确的事实，提出一些问题，如"什么时候联系客户的""选择竞争对手公司的理由是什么""输给了哪家公司""数据上有什么变化"等。

与下载式对话不同，观察收集的信息是"现象"。得到的信息可能是听觉、视觉或嗅觉上的，或许会出现状况不同及个体差异，但意识不是被自己头脑中固有的想法所禁锢，而是被"现象"所吸引。

2. 拉面店的老板是如何注意到味道不对的

讲到了这里，大家一定理解了相对于"下载"，"观察"的交流及决策的质量更高。那么，如何从"下载"转变为"观察"呢？

就像控制开关一样，"下载"状态无法自行转换到"观察"状态。原因是，"观察"是意识状态，不是行为。试试看，我说："目光不要停在这本书上，找一样东西去感受一下自己的意识。"你如果是在房间里，只要房间里的东西都可以，如杯子或日历等。如果在室外，可以在大厦、林荫处、路过的行人等中任选其一，关注你选择的对象。怎么样？虽然眼睛看着选择的对象，注意力也集中在上面，此时你头脑中是不是在想"这是在做什么""杯子好脏""穿衣品位真不错"等问题。

但是，当我们看到的日历日期是上个月、看到杯子上有口红印迹、擦肩而过的人在我眼前摔倒时，"啊"被那瞬间的现象吸引，原本头脑中的想法一下全都消失。之后，或许又会回到原来的思考中，"啊"的瞬间是转换到"观察"了。

也就是说，"下载"到"观察"的转换是被动形成的，无法主动实现。那么，是根据什么才能形成呢？那是**触碰到"颠覆自己的假设及固有观念的信息"的瞬间**。就刚才的例子来说：

- "应该"在口袋里的钱包或手机没了。
- "应该"不会倒下的保龄球瓶，现在竟然倒了。
- 速度射击游戏，敌人层出不穷，"一波退了又来一波"无法前进。
- "应该"不会分手的人，却被提出分手。
- "应该"能稳定经营的，却被收购方剥夺了经营权。
- "应该"没有辞职意向的下属，却被问到是否想辞职。
- "应该"健康的身体，却查出异常值。
- "应该"能在这个职位上继续任职的，却被通知降职。

……

当遇到意料之外的事情时，"啊"的瞬间就是在转换成"观察"状态。

所以，总是以下载状态听下属讲话的上级，尽管有意识好好听下属说，可惜他的倾听能力不可能马上进步。虽然非常努力地听完了下属的话，而且注意力也全部集中在他身上，但是，只是一味地用心注意对方，也是无法停止自己的思考的。

在等待下属讲完之前，你可能会想："还是老样子，说不到重点。""到底想说什么？""还是这种水平！"等等。当下属讲完，轮到你讲话时，你似乎在暗示"你让我等了好久"似的，然后迫不及待地开始自己的长篇大论。这完全就是前功尽弃。

那么，怎么才是好的方式？仰望夜空，就像等待着流星进入自己眼帘一样。是不是需要等待"能颠覆自己的假设及固有观念的信息"的情况发生？答案是"是"。再说一遍，"下载"到"观察"的转换不是主动形成的，而是被动形成的。而且我们除了等待，没有其他办法。

如果这样说，或许有一些人会不满："那么，只要听下属说话，偶尔采用他们的建议，那一开始我们就不需要做任何努力了！"事实上，这里隐藏着一个看上去不明显但实际上很大的差异，就是**就算只能"等待"，但是我们也能"提高'等待'的质量"**。就像为了更容易看到流星，需要到没有街灯的地方，躺着仰望天空。

这是怎么一回事？我先来说一个我的工作伙伴讲给我听的故事。这是关于一家拉面店老板的故事。

你知道拉面店的老板是如何判断当天的拉面好不好吃的吗？谁都不会说："老板，今天的拉面真难吃！"那么他又是如何判断的？其实可以通过客人埋单时给零钱的方式、关门的声音等感觉到"今天的味道好不好"。然后坚持不懈地调整口味。

这家拉面店老板的故事正体现了"提高'等待'质量"的本质。客人不会明确表现出对拉面的评价。临别或许会说一句"真好吃"，但还是无法判断是不是真的好吃，下次还会不会来。

制作一份新菜单观察客人的反应，或许还能更容易些。最麻烦的是慢慢改变了本来的味道。去一家以前经常吃的饭店时，有没有失望过："呃！怎么那么咸，太难吃了，以前那种好吃的味道呢？"

客人偶尔来店会更容易觉察到味道与以前不一样，也就是说更容易进入观察。但是，店主却很难觉察到，因为他们正处于下载状态之中。这可以说是"服务提供者的窘境"，客户已经感受到了，可自己却很难发现这一点。

今天（第 1 天）的味道，假设用数字"1"表示，第 2 天，100 分中的 1，即味道变化了 1%。这就意味着第 2 天的味道是"1.01"。极小的差异，察觉不出也情有可原。第 3 天，相对于第 2 天和味道如果再改变 1%，与第 1 天相比的味道就是 1.0201。觉察不出和第 2 天的味道区别那是正常的，和第 1 天比，变化也是微乎其微。但是，"第 2 天和前一天比，都相差 1%"的变化一直持续的话，大约一个半月后的第 42 天，味道就变成"1.5"，和第 1 天相比味道相差 1.5 倍。到第 71 天的时候，超出了"2.0"，和第 1 天相比，味道已经变了 2 倍。一年后（365 天后）竟然达到 37 倍。

当然，这是理论上的计算，实际的变化可能没有那么大。但重要的是，每天只是相差 1% 的味道，偶尔来店的客人会感觉 2 倍以上的变化，而每天都在店里的工作人员却很难感觉出和前一天的不同，他也早已忘记两个月前的味道了，更没法觉察变化。

像这样无法觉察细微的变化是我们认知系统的特征，是下载状态的陷阱。但是镇店之宝的口味变化，对店主来说就相当于要他的命。所以视拉面味道为生命的拉面店老板，不仅依靠自己的味觉，还通过客人的举止变化判断拉面的味道。注意埋单时付零钱的方式以及关门的声音，等待"提高质量"中的"啊"的感觉，就是做好了进入层次 2 的状态。然后，就是因为这个"啊"的感觉进入了层次 2 之后，才能让他重新考虑如何对待口味变化的问题。进入新的思考领域，奥托博士称为"连接开放的思维"。

只是再现过去的下载状态，从重复模式的意义上说是处于"关闭的思考"中。进入层次 **2** 的**"啊"的惊呼、通过眼前的现象发现新信息，从而产生新的思考。那就是"开放的思维"，也是创新的第一步。**

3. 获得日本经营品质奖的高尔夫俱乐部的共享"发现"系统

提高"等待质量"的秘诀是前一节介绍的"暂悬"。我们介绍了"发现自己正处于下载状态，在生成覆盖自己过去模式的信息之前，不能给出所有的结论。即使有结论也是暂时的，去体会那种捉摸不定的感觉"。

"下载"的时候，对外界侵袭而来的信息会自动在瞬间中做出取舍选择或歪曲。跳出这种旋涡式的思考，**拥抱"颠覆自己的假设及固有观念的信息"**。在"啊"的惊奇同时，容易地进入"观察"的转换方式就是**"暂悬"**。这是提高"等待质量"的秘诀，也能帮助自己"好好倾听下属的说话"。

听下属的谈话时，我们可能得不到"颠覆自己的假设及固有观念的信息"。那个时候我们会想："或许自己还处在下载状态，并没有好好听下属说话。"这时候的建议和指示都是临时性的。但是，在继续听的过程中，或许会突然像流星进入你的眼帘一般："哦，这家伙总算说句像样话了。""他是这么考虑的？"这些能够给你灵感的话语或许就会出现了。

习惯了"暂悬"的人，他们"保持好奇"的能力很强，一般会被认为是好奇心强的人、善于听取意见的人。人们会评价为："这个人善于听取意见。与这个人聊天，他没有特别给我建议，可我自己却会慢慢理出头绪，真是不可思议。"因此我们说，"暂悬"是提高日常沟通质量的非常好的方法。

下面，我再来讲一个**获得日本经营品质奖的高尔夫俱乐部组织的从"下载"到"观察"转换活动的故事**。

1997 年曾获得日本经营品质奖的"千叶夷隅高尔夫俱乐部"组织了一个从"下载"到"观察"的全员参加的活动。开展了这种工作方式后，其中最让我感兴趣的是每个员工在工作时发现新奇的事情或者有用的信息时的共享方法。"啊"的内容不一定都是好事，客人可以把不太满意的评价写在卡片上，并在全公司共享这个信息。

但是，高尔夫结束后，和一起比赛的朋友泡澡休息时可能会谈论到"哪位球童细心""哪位球童话比较多"等。打扫浴室的工作人员听见后，会把它记录在卡片上。之后，可以反馈给球童，或者立刻汇报到总服务台。当客人准备回家时，由总服务台人员表示感谢或道歉。

这种活动如果能持续彻底进行的话，服务质量一定会越来越高。而且由于能享受到和其他高尔夫球场不同的服务，很容易想象这会带来广泛的好评宣传。组织之所以能获得日本经营品质奖，当然不只是凭借以上的做法，它只是其中之一。

故事说到这里为止，为深刻理解"观察"，我们用"下载"来进行对比，并对"暂悬"进行了详细介绍。最后，还要说明如何在日常生活中提高"暂悬"的能力。

4. 提高"暂悬"能力的方法

"暂悬"能力不是一朝一夕养成的，我们在这里介绍的是相对比较容易上手的训练方法。

① 清空大脑的想法

首先应该彻底清空头脑中的想法，"暂悬"才容易形成。可以采用讲给别人听或者在一张纸上随意涂写的方法。如果是讲给别人听，就需要多次重复相同的话。因此，还是写在纸上的方法效果会更好一点。而且因为有记录，也不容易陷入下载模式。

② 提高观察能力

陷入下载模式的原因之一是：**觉察不到自己的"真实感觉"，出现的只不过是"解释"，把事实和解释混淆，把解释作为现实处理。**如果能做到对眼前发生的事不混入解释，仅用观察的方法，就不容易陷入思考的漩涡，容易做到"暂悬"。

为了做到这一点，需要培养仔细观察眼前发生的事情的能力，以及注意到在自己头脑中出现的想法这两方面的训练。其实，其中任何一个方法都能提高"暂悬"的能力。如果两方面同时练习，就可以相辅相成，更能够轻松地掌握"暂悬"的能力。

③ 提高后设认知能力

这一点与"②提高观察能力"也有关系。提高被称为后设认知的"认知自身的认知"，对提高"暂悬"能力也有所帮助。例如，我在看这本书时觉得"这种问题有点难懂"。我们是在认同自己的那个想法。后设认知能力越高越不容易陷入反应性思考，也就容易做到"暂悬"。

以上是对"观察"的介绍。越能维持"观察"的状态，就越能进入"开放的思维"，之前从未想过的创意想法都有可能降临。所以，大家可以轻松地试着去练习。

活动 3：感知

1. 帕金森病的母亲真正的不安

第三个活动"感知"在社会场域中被称为"层次 3"（见图 3-8）。这一层也与"内在状态"相关。

如果说层次 1~4 是"起承转合"，那么层次 3 就是其中的"转"。在层次 1~2，如果我们能抓住重点，还是比较容易做到的。**层次 3 是打破自己过去的模式，挑战寻找看不到的认知极限**。改变做法，偶尔听之任之都无法达到这一点。但是，到达层次 3 时，就如同起承转合中的"转"，会呈现出你过去的经验中从来没有过的全新的世界。

为了让大家更好地理解"感知"能做到什么、是何种感觉，我来分享一个我和母亲之间发生的故事。

我出生在广岛县吴市的一个叫川尻町的农村。它在数年前叫"豊田郡"。正像它的名字，那里有很多农田。我母亲在那里土生土长，现在已经 60 多岁。她从来没有离开过家乡到外面生活过。她是一个非常善良的母亲，老是重复讲述我们从小就知道的故事。她在 2011 年 1 月查出帕金森病，一个半月后，老家的哥哥才发邮件告诉我这件事。

因为不想让我担心，他们一直等到详细检查全部结束，诊断结果出来以后才决定通知我。看到邮件后我非常担心，马上想给家里打电话。那天是一个工作日的上午，正好我在家办公，所以有时间打电话。

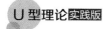
U型理论实践版

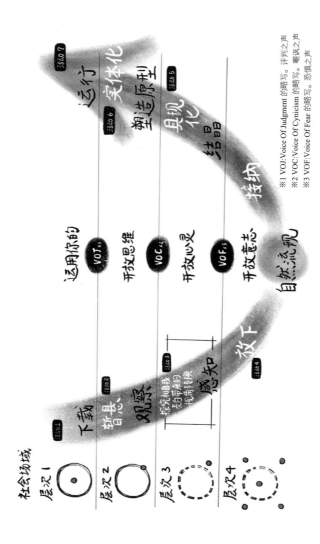

图 3-8 U 型理论的七个活动（感知）

※1 VOJ:Voice Of Judgment 的略写。评判之声
※2 VOC:Voice Of Cynicism 的略写。嘲讽之声
※3 VOF:Voice Of Fear 的略写。恐惧之声

接电话的是我母亲："啊，听说我生病了吧！"语气有点尴尬。"生了这种麻烦病，我还从没想过自己脑子会得病。我在川尻出生长大，从没做过什么坏事，怎么会生这种病呢？医生让我看的一个小本子上写着各种症状，每每打开看到里面的症状我都有，就会很担心。跟护士说起后，她也告诉了我好多相关知识，让我更加沮丧。 你爸、你哥都很生气，让我不要听别人说的话。这都怪我！"母亲一口气说完这些话。

虽然母亲的声音听上去很坚强，我还是感到一阵阵心酸。我没说话，只是"嗯、嗯"地听着。在听母亲说话时，突然感觉到母亲其实有真正想说的话。我前言不搭后语，问母亲："妈妈，感到不安是吗？"刚说完，母亲那头就哭了起来："我就知道，告诉你的话，我肯定会哭，所以一直都没敢打电话。母亲我知道自己生病后，一次都没在别人面前哭过。觉得应该坚强，所以在你爸、你哥还有亲戚面前也是一直微笑着的。你爸和你哥让我这么做、那么做，我哪有什么心情做，做什么都没劲。但是又怕被他们发现，觉得他们很可怜，所以只能强做微笑。"

母亲一边哭一边跟我说："我每天去外婆的坟前，跟她说：'妈妈，带我去你那边吧，来接我吧。得了这种毛病，以后要是卧床了，他爸那么老，还要护理我，太可怜了。'说着说着，我就一个人在那里哭。"我在电话那头听着，也哭了起来。

出乎我意料的是，我原以为母亲是"因为生病而变得不安"。原来她是担心那么老的父亲以后还得护理母亲，觉得他可怜而为他担心。母亲对父亲的爱是如此强烈，是我之前都不知道的（没感觉出来）。我的眼泪是被伟大的爱情触发的。

我自己在头脑中一直在想："每天去坟前让外婆带走，这种话不应该说！"可话到嘴边又咽了下去，我只是一味地听着。

母亲之后好几次重复说："我就知道，跟你说的时候，我肯定会哭，你爸你哥面前都没哭过。"同样的话，说了好几遍。我安慰她："离那么远，我能做的也就只有这个了（听母亲说话）。随时都可以打电话给我，我也会打的。离得远，觉得自己能做点啥，我也觉得高兴呢。"母亲听完一个劲地应允，"嗯、嗯"。

电话挂了之后，我上网查了有关帕金森病的信息。结果这天什么工作都没做。

两天后，我试着给母亲又打了电话。

"妈妈，怎么样？"母亲说："我跟你说出来后感觉轻松了好多。昨天我又去了外婆的坟前，我跟她说：'妈妈，我要活着，不用来接我了，保佑我！不过等我卧床不起了，你要马上来接我哦。'前一天还让你外婆马上来接我，第二天又说不用来了。你外婆肯定也吓一跳了。妈妈说好了要好好活着的哦。"

虽然还能感觉到对生病的不安，但完全能感受到和前天比，母亲坚强了许多。听着母亲的话，我禁不住热泪盈眶。电话挂了后一边哭一边庆幸自己因为训练过"倾听"，真是起大作用了。当今的医疗水平，还能治疗帕金森病。药物治疗可以缓解病情的恶化，虽然也有很大的副作用。从确定病情到现在已经快三年了，母亲至今还在积极乐观地与病魔斗争，每天开开心心地活着。

2. 站在他人的视角能打开局面

学过多年心理学的人会说："在心理学意义上的成长，是在自己的心中增加别人的视角。"当时我也只是接收信息而已。现在想起来，它其实就是在解释"感知"的含义。

奥托博士把"感知"的状态描述为"脱掉自己的鞋子，穿上别人的鞋子"。就是穿着别人的鞋，去感受别人的感觉，即用你自己的眼睛去看别人看见的东西的状态。

U 型理论跟以往的问题解决及革新方法有明确的不同，它强调如果不能"在自己心中增加别人的视角"，就无法解决复杂的问题。

用层次 1 的"下载"状态、根据过去的经验解决问题；或者用层次 2 的"观察"状态重视分析数据来解决问题等。这些虽然有点繁杂，但还不算是非常复杂的问题。

但是，当面临第 1 章介绍的高度复杂性的问题（动态复杂性、社会复杂性和新兴复杂性）时，如果不到达层次 3 的"感知"状态以上，不仅掌握不了解决问题的线索，甚至极有可能使事态恶化。尤其是社会复杂性高的时候，由价值观、信念、利害、经验不同引起的个体差异所产生的复杂性问题，往往会导致讨论没有进展，也容易引发对立和纠葛。

U 型理论着重强调，如果不能"站在他人的视角"看待事物，只依据自己看到的进行评判或行动时，往往得不到对方的赞同或协助，甚至导致关系恶化、破裂。

用上面我母亲的故事来分析，父亲和哥哥都试着让母亲勇敢起来，可惜他们的方法并不奏效；另外，第 1 章里介绍的公寓维修基金上涨的问题，虽然当时有缜密的分析数据，但仍然不能圆满解决问题；再有长期萎靡不振的凯丝美公司，之前无论是怎样的决策，都无法使它起死回生。

不只这些实例，如果陷入以下状况，自己能够站在对方角度，也就是说，社会场域到达层次 3 之后，才能打开事态的局面。

- 一直打转，毫无进展的讨论。
- 出主意的人多，不知该听谁的，一盘散沙般的团队。

- 领导拼命干，下属不积极。

- 为同一件事重复争吵的夫妇或者恋人。

- 决策者总是在叹息在公司"如果还有跟我一样的人就好了"。

- 缺乏危机意识及主人翁意识的组织。

- 无休止的相互拉后腿的帮派，以及官僚主义严重的组织。

- 营业部门和制造部门之间没完没了地指责对方。

- 不能满足客户需求的商品或服务，采取改善行动也迟迟不能改变的
  公司内部状况。

清除以上这些随处可见的"令人头痛的问题"的方法，就是进入层次3。

3. 消除过去的隔阂，进入"开放的心灵"

"感知"是"打破自己过去的模式、超越旧有模式后看清自己现状的状态"。奥托博士用图 3-9 表示这种状态。

图 3-9 层次 3：感知

我们经常感悟"自己有了孩子后，才体会到父母的感受""有了下属之

后才明白那时候上级说的话的含义"。虽然我们能从与自己不同立场的人的角度考虑问题，但是如果不真正站在他的位置，是很难做到这点的。

不是基于我们自己的想法，"某某的心情我很理解"的这种真实感觉，是能够"站在对方的视角"以及"打破自己过去的模式、超越旧有模式后看清自己现状的状态"。

与头脑理解相比，站在对方的角度，理解对方还没说出来的话，就能很自然地更关注对方以及周围环境。另外，为了做到自己真正能够感受到对方说话的背景及目的，能够做到和对方保持一致的视线，因此也会逐渐减少随便责怪对方的状况出现。说得更深入点，我们容纳他人的度量也会相应变大。从这个意义上讲，"站在对方的视角"也可以被视为一个人的成长。相反，被认为不太机灵的人，往往是因为只用"自己的眼睛"，缺少了"别人的眼睛"的缘故。

U 型理论把"感知"解释为"从场域中感知"。不管实际自己有没有体验过，就犹如在自己的身体里出现了各种处于不同状况或情境中的视角，通过这些视角，感觉自己正在体验同样的感知场域的状态。

各种各样的视角，不仅包括别人的视角，也包括自己没有体验过的未来自己的视角。"如此不注意养生，可能随时都会生病吧。"那些听着这些话一笑而过的人，在某一天健康体检时发现疑似大病病症的时候，脸色发青并开始反省自己不规律的生活，那就是从被病魔侵蚀后未来自己的视角看到了现在自己的瞬间。

奥托博士把这种进入"感知"的状态，称为进入"开放的心灵"。 层次2"观察"是进入"开放的思维"，但还没有进入"开放的心灵"。

在第 1 章提到的，在讨论公寓维修基金缴费上涨时，有人说："自己已经高龄，20 年后都离开人世了。我是靠养老金生活的，本来就已经很拮据了，20年后的计划不管逻辑上多么合理，跟我是完全没有关系的。"这些话虽然可以理解，但是因为他们不能把这件事当作自己的事，所以无法产生共鸣，也就是说，没有进入"开放的心灵"。但是因为已经进入"开放的思维"，不能像对待下载状态一样忽略它，这也是众多讨论结果中一个正式的意见。

但是，假如反对涨价的老年人说："如果我说'自己死后的事情与我没有关系'这种孩子气的话有点不太像话。但是，去年我妻子因脑出血瘫痪在床，保险也只报销一部分，生活一下子就变得很拮据。真的是没有办法再去承担额外的负担了。"听了以上的话，可能我们就不会有那种对立情绪，而是尽可能地一起考虑其他可行的方法。

对于那个人来说，如果能触动每个人都有的诚实和善良，就进入了"打开的心灵"状态。打通"开放的心灵"时，我们头脑中萦绕不散的杂念评判之声就会消失得一干二净。

评判之声是刺激基于过去经验形成的模式而产生的反应。随着模式被打破，评判之声也将随之消失。和争吵过的人和解、隔阂消除、尊重对方、把对方看作一个人，这些都是打开了"开放的心灵"状态。

4. 真正感知到他人的"无法用语言表达的感觉"

到达层次2"观察"时，跨越下载状态，不被过去的模式囚禁，进入"开放的思维"。如果只是希望问题解决，进入层次2"观察"后就可以解决。为什么复杂问题一定要到达层次3"感知"，进入"开放的心灵"呢？"开放的思维"和"开放的心灵"到底有何不同？

进入"开放的思维"的状态，能避开因下载状态引起的无视及偏见，可以进行开放的讨论，特别是如果有客观数据的共享，更容易展开层次2

"观察"状态讨论。但是遇到以下高度复杂性的状况，用"开放的思维"是不够的。

- 动态复杂性高的状态

由于原因和结果之间存在复杂的联系，对状况及数据的看法也是众说纷纭，致使同样的问题几次三番地进行讨论。

- 社会复杂性高的状态

由于立场和分工的不同，导致优先事项的排序不同；由于利益、价值观及信条的不同等引起的争论、感情用事，并产生对立情绪。

- 新兴复杂性高的状态

因为从未遇见过这种情况，事情的进展又无法预测，不知道正确答案，各种假设穿插其中，虽然讨论过"应该如何处理"，但是没办法确定是否真**的承诺并愿意去执行**。

这些状况都需要你的视角之外的其他视角，也就是说：

- 从不同角度捕捉动态复杂性的各种不同视角。
- 与自己不同立场、利害关系、价值观的对方视角。
- 无法解决新兴复杂性问题，站在窘境中的未来的自己视角。

否则就会造成**头脑和心灵的分离**，陷入片面看待事物的状态。

进入"开放的心灵"，是用自己的眼睛以及别人的眼睛一起看，即别人眼中的世界以及自己看到的世界。这不仅是头脑，也是内心的感知。也就是说，能够真切理解无法用语言表达的感觉、情绪以及感受。

到达层次 3"感知"状态时，因为打破了过去的模式，在新的场景中捕捉到状况或发生的事情时，会有一些从未有过的想法浮上心头，本能的善良和诚实也会涌现出来。因此，**不会强迫别人接受自己的主张，用各种压力让对方屈服**，而是会采取深入考虑自己应该做的是什么的姿态。

当然，越是遇到复杂性高的问题，越是能够深刻体会到即使站在他人视角也没有那么简单地解决问题。因此有时心情更会沉重、纠结。这种纠结的感觉很不舒服，但是它会防止埋怨对方，防止状况更加恶化。例如，我们可能会说："为什么那个家伙就是不明白我说的话呢？"至少能防止事态朝最糟糕的方向发展。

然后，就可以跨过障碍找到解决方案。或者虽然看不到解决对策，但由于那种正视问题的决心，很自然就带来了新的视角。之前的停滞不前和意见相左的状态都得到了解决。

5. 反思和自我表白，可以打开对方的"心声"

那么，怎样到达层次3"感知"的境界，轻松进入"开放的心灵"？"自己以外的视角"如何轻易获得？它的秘诀就是"反思和自我表白"。

反思是英文 reflection，它的意思是倒映在镜子或水中的影子。如果把大脑的运转比作镜子，那么它本来的意思就是审视镜子中的外面世界的"影像"。

我们往往误以为自己能够完全理解外面的世界。实际上，我们的感知器官所接收的外面世界的信息，只不过是大脑在处理信息时产生的现实认知。这里面有很多曲解，听错及自以为是等都会导致错误的产生。

这里所说的是反思现实中自己看待事物的看法或想法。回顾过去的模式，**认真注视自身内心深刻体会到的东西，认真倾听自己内心涌现的灵感及直觉。**

保留下载状态中头脑中萦绕的评判之声，深深注视再现评判之声的过去的模式是什么，隐藏其中的感情和真正的感受是什么，从内心涌现出来的是什么。这就是反思。

自我表白是指把反思看到的东西呈现给他人。**倾吐一直隐藏的评判之声，人们往往会认为就是自我表白，其实并非如此，如果不是由反思后看到的，在大多数的场合出现的都不是正常的自我表白，而那往往只会以破坏关系而告终。**

自我表白的是由反思后看到东西，不是**评判之声**的倾吐。可以确定的是，对方也会自我表白他自己内心深处的想法，我们称为"**自我表白的回应性**"。在这之前，可能只是**评判之声**的倾吐而已。

由于"自我表白的回应性"使对方也会自我表白，我们会更深刻地体会对方真正的想法或情感，并且能够站在对方的视角。母亲和我之间的对话能到达层次 3 "感知"状态，是"反思和自我表白"起了作用。

电话开始时，母亲很坚强地向我倾诉着，我边听，也在感受自己内心涌现出来的东西。突然，感觉到母亲真正想说的意思，我前言不搭后语地问："妈妈，感到不安对吗？"那个时候就是"反思和自我表白"诞生的瞬间。

由此产生了"自我表白的回应性"，母亲边哭边告诉我真实想法。真实的担心是生病后身体越来越弱，年迈的父亲得要照顾她。

我知道了母亲真正的不安，到达了"感知"状态，用母亲的视角看到了状况。同时也避免了问她的帕金森病症状、胡乱给母亲提建议等这些毫无意义的事。

对于母亲来说，帕金森病是一种"新兴复杂性"。对未来的不可预测使她不安，手足无措。但是，她的自我表白让她说出了自己最担心的事，用自己未来的视角到达了 "感知"状态，做了好好活下去的选择，打开了这种靠"开放的思维"无法解决的状况，诞生了更高层次的"开放的心灵"。

6. 发现内心深处的嘲讽之声

从"下载"状态到"观察"状态的转换以及连接到"打开的思维"，只要触碰到与过去模式不同的信息，就能实现，相对来说比较容易。而从"观察"状态到 "感知"状态转换，却并不容易，因为必须完全打破过去的模式，才能进入。

过去的模式，是根据过去的经验形成的。经验越强，模式越不容易打破。其中强烈阻挠 U 型过程进展的就是嘲讽之声，这个模式。

就像在某一时刻，"宣布放弃自己、他人甚至自己的模式"。

例如，"人，是无法相互理解的""人，都是只考虑自己的""人，最终都是会背叛的""我只不过充当配角"等，这些想法都有一种强烈的不满，以至于把它当成毫不怀疑的事实。再加上嘲讽之声已经进入潜意识，平时几乎觉察不到，在不知不觉中已经影响了自己的价值判断。

当以这种模式来看待外界时，会扭曲对方的真诚善意，会认为里面有诈，不为别人的成功而高兴，甚至用讽刺的态度对待对方。还有，一旦有机会来临时也会变得畏畏缩缩，被"我不可能成功"的想法所占据。也就是说，嘲讽之声释放的是一种与人的善良、诚实、坦率的"开放的心灵"完全相反的状态。在那种状态下要想进入"开放的心灵"是非常困难的。

作为反思的一个部分，我们需要回顾和反思自己对事物的看法和想法，以及过去的模式。回顾自己过去的模式中隐藏着的嘲讽之声，是开展 U 型过程的重点之一。

深刻地自我反思，发现自己背后隐藏着怎样的嘲讽之声，对周围的人进行自我表白后，社会场域会被滋养，到达层次 3 的"感知"状态，会萌发亲密的气氛，形成无话不谈的安全场域。

7. 从"传奇的杂志"创刊秘史，看消费者是如何了解自己的

到现在为止，"感知"似乎只适用于人际关系及参与承诺。这当然不是的。在企业规划、产品开发、事业发展等新事物产生时，"感知"也是非常重要的阶段。

在物质丰富、价值观多样化的当今社会，畅销商品想要脱颖而出比 30~40 年前困难多了。除非是"好像有，实际没有的东西"或"正需要这种东西"这种情况，一般很难一举成名。但是，没有人会明确要求你做"那个东西"，就像哥伦布的鸡蛋那样，没那么容易去想到。

但是，即使听不到消费者的声音，自己也可以充当消费者，从而追问"自己真正想要的东西"。那么，畅销商品会不会就跳入你的脑海呢？

不仅是商品企划，当考虑到所有的企划都是为谁提供有价值的东西时，如果把自己当作被提供价值的一方，也就是受益方，设计天衣无缝的企划方案就很有可能了。这是企划领域"感知"的可能性。

从这个"感知"领域产生创意后，能得到一般成果和卓越成果的区别点（关键点）就是进行实践或不实践。

在介绍 U 型理论给大家的前三年，我几次都听到了一个人的名字。那个人讲的内容似乎和 U 型理论很相似。他就是创办了很多求职、旅游等畅销专刊，被称为"创刊男"的仓田学先生。

仓田学先生的作品，"'创刊男'的就业术"（日本经济新闻社）中记录着非常有趣的企划术，简直就是"感知"的教科书，值得介绍给大家。

仓田学先生开始新事业企划时，首先最主要的事是为了让消费者把产品融入自己心里而进行真实体验。在海外旅行杂志 *AB-ROAD* 创刊担任主编不到一个月的时候，他说过这么一段故事。

"创刊号出来之后，为再次确认 2 号杂志的构思，我把自己当作正在研究欧洲旅游的消费者，在市中心兜了一圈。当时没有互联网，旅行社一般都集中在市中心。我从虎的门地铁站下来后朝外围走，挨个搜集所有旅行社的宣传册，觉得有参考价值的，就插在腋下，其中有介绍全欧洲的非常厚的宣传册，也有只介绍每个城市的薄薄的小册子。随着宣传册越来越多，我发现只有这种真实体验才会看到各种东西。

"一个上午搜集了足够分量的宣传册，纸袋只能不停地在两手之间交换。中午休息的时候，我打开宣传册翻看时，突然发现很多同一行程的路线，价格却相差 3 万~5 万日元。打电话问旅行社价格差的原因时，回答都含糊不清，听着让人生气。然后，作为一个旅行者，'如果去海外旅游，应该在家里先好好进行比较选择'的想法真真切切地浮现出来。"

仓田学先生的这种方法，就是"别人的视角"，就是站在"正在研究海外游的人的视角"，用那个视角观察现在的状况而进入到"感知"状态。

在准备海外旅游时去几家旅行社咨询、会用多少时间询问，这些问题或许从市场调查数据中就可以知道。但是，只有亲身经历了这个过程后，才会有"海外旅游，应该在家里先好好进行比较选择"的这种强烈的感受。缘于这种体验和心情，灵感和创意才会不断涌现。

仓田学先生提出了"成为消费者""影响到消费者"的说法。为了传递"感知"状态，他将采访过的人用 A3 纸记录，那些人的真实对话用对白框表现，使之活灵活现，让人身临其境。

8. 轻松到达"感知"状态

在前面一节我们说了"观察"是意识状态，并非行为。"下载"到"观察"的转换无法主动发生，它是被动产生的现象。从"观察"到"感知"

同样也是被动产生的现象。

所以，除了等待，我们无能为力。从"下载"到"观察"的转换也相同，创造出"容易发现'流星'的状态"是能够实现的。关于怎样进入"感知"状态，请看表 3-1。

表 3-1　轻松进入感知状态

案例
A．真实感受到没有自我认知的自己和自己的状况
A.1　自我反思后的发现
发现自己纯粹意图和需求时
发现自己无意识地被囚禁或者无意识预设前提时
A.2　根据他人的反馈及诊断结果进行自我觉察
自己也隐约觉察到的事情被反馈时
看到完全吻合自己状况的诊断结果时
B．站在他人角度看自己以及切实感受对方的状况
B.1　来自他人的自我告白以及真人逸事的感悟
听到他人的自我表白时
听到他人的故事时
B.2　追体验的实际感受
与他人的立场、角色有相同经验时
与他人的立场、角色有几乎雷同的相似体验时
从对方的体验中回忆起自己的过去、被再次重建时
B.3　由感知他人的心情得到的感受
感受到对方纯粹且肯定的意图时
感受到对方情感丰富的表现、受到感染时

案例
感受到对方纯粹的喜悦、苦恼、悲伤时
C．从现象、外部环境感受自己和周围的情况
C.1 进入系统内部
感受到自己是系统（循环的因果关系）的一部分时
C.2 直面可能发生的未来
想象自己或自己最重要的人遇到（最坏的）结局时
感受自己或自己最重要的人遭到危机时
清晰地感受到以后状况的展开情景时

现在，我们对照表格，介绍如何轻松进入"感知"状态。

A．实际感受没有自我认知的自己和自己的状况

"感知"状态并不仅是在与他人或环境的关系中产生，在与自己的关系上也能出现。它就是在头脑中隐约闪现的自己与周围的状况，在心中连接起来的状态。

一个是自我反思（反思自己是如何看待事物的，自己是个怎样的人），另一个是来自他人的反馈及诊断评估结果，以及自己过去做过的事和周围的人多次指出的事。点和点之间用线连接起来，最后就明白了："原来是这么回事！"

A.1 自我反思后的发现

在自己的主张和意见这样有明确的自我意识的，容易在头脑中浮现出来之外，还存在着自己可能没有明确意识到的，存在于潜意识中的自身的纯粹的意图和欲求，或者迷思、前提这样的东西。

无意识领域中的东西，通过自我反思，深刻地反躬自问，自我觉察到心灵深处有着怎样的想法时，我们达到了"感知"状态。

下面用凯丝美公司的情况来进一步说明。回顾第一次开会时的情景，我让大家"就好像自己闻自己身上的体味一般，请找出自己内心深处最失望的事"。营业部的年轻精英田中这么说："我看到自己对周围的同事都感到很失望，谁都帮不了忙，只能自己做，只能相信自己。虽然我说'全都怪人家，推卸责任'，其实自己才是在推卸责任。"

像这种跟以往不同的角度看待自己的状态就是"自我反思后的发现"。

A.2 根据他人的反馈及诊断结果进行自我觉察

通过周围人的评价、体检诊断或特质诊断等评估结果为诱因到达"感知"状态。

关于前者，当周围的人说你好像有点什么的时候，你会觉得心里猛地一沉。确实在很多场合其他人也这么说过，真实感受到自己在重复着同样的事情。

关于后者，如稍微运动后心跳加速、头晕眼花，虽然有点感觉身体不适，还是把最大的原因归结为缺少运动，没太在意自己的身体情况。体检的结果被诊断为有心肌梗死的可能。在吃惊之余，感觉到"果真身体出了问题"。

前者和后者都没有明确意识到问题的存在，因为之前正好想到过，经过外界的刺激，如反馈或者诊断结果与自己产生共鸣，真正到达"感知"状态。

反之，自己从未想到过的事情收到反馈后，很多人都不会有太多感受。他们往往就停留在层次 1 "下载"状态，信息被直接忽略。或者感到晴天霹雳般的震惊，但因为无法理解，所以停留在层次 2 "观察"状态，无法进入更深层次。能否进入层次 3，是看有没有点和点之间的线能连起来的感觉。

B．站在他人角度看自己以及切实感受对方的状况

这就是从他人的角度看自己、切实感受到对方的状态。通常，我们说"你的心情我们理解""这句话太有同感了"。但是，与揣测对方的状况后的理解不同，我们指的是真实感受过的理解状态。

B.1 来自他人的自我表白及真人逸事的感悟

对方在我们表达内心感受进行自我表白时，由于感触到我们的故事或插曲才萌生的感悟。

凯丝美公司通过世界剧演进行了几次的自我表白，而且都进入了层次 3 的"感知"状态。

我们再回顾一下具体的情景。

引导师扮演竞争对手，说："今年恐怕凯丝美公司还是老样子吧！"对于竞争对手的嘲讽，营业部自嘲说："这可不是什么开玩笑，我们确实在现场被其他公司这样说过。"听到这句话的其他人的心境是怎样的呢？社长的心境："太累了，这一年，再也不想有第二次了。"

市场部和营业部针锋相对时，"大家同在一个公司，又都是为了把工作干好，彼此间为什么要不留情面地相争呢"是听着市场部和营业部争论后的心境。

感到自己从来没见过、完全不认识的原创歌手和自己很有缘分，因此就投入电影或电视剧中。

读了伟人的传记，就感觉是在讲述自己的事。

原创歌手的歌词、电影或电视剧的剧情、传记里的故事、主人公活灵活现的真诚告白（自我表白）。作为听众或观众的我们，就是因为进入了层次 3 "感知"状态，才会有那么深刻的体会。

B.2 追体验的实际感受

这是在体验到与他人的立场、角色一样的经验，或者自己想起、重构（重建）了过去记忆中曾有过相似体验时产生的。

有与对方的立场、角色相同的经验后而进入层次 3 "感知" 状态。例如，有了孩子后才明白 "父母的心情"。有了下属以后总算明白 "那时候上级对我忠告的意思"。这就是奥托博士说的 "脱掉自己的鞋子，穿上别人的鞋子" 的状态。

我大学时代曾做过校内献血志愿者。那时候亲身体验了 "穿上别人的鞋子" 后的感受。献血车开进大学，呼吁同学们踊跃献血。为了招揽生意，准备了 "熊猫小熊布偶"。在这之前我一直都认为 "用熊猫小熊布偶，简直就是骗小孩的把戏"。那时还是一个不成熟的小男生，对穿着小熊布偶工作的人多少有点轻视。（现在回想起来，真想一头钻进地洞里，真是对不起。）

怀着好奇又看不起的心情，先穿上 "熊猫小熊布偶"，在校园内走起来，尝试人生从没体验过的经验。女同学们一个个都跑到我身边叫着 "哇，好可爱"。人生从未（以后也是）被女生追捧、簇拥过，感到吃惊之外，还感到无比兴奋。不只是这些，还有被问到 "这个工钱怎么算"，"哦！熊猫，是熊猫"，一群男学生也过来凑热闹。体验了一次从未经历过的体验。

就这样，在 30 分钟不到的时间内变身成为举止都非常可爱的 "熊猫"。才 30 分钟的时间，就喜欢上了这个之前轻视的职业，觉得那是一个非常快乐充满梦想的工作，然后对这份工作的评价也有了一个 180 度的转变。

就如文字描述的，穿了别人的鞋子（别人的布偶），那里看到的，与根据自己的眼睛看到的是完全不同的世界。在这之后，每次看见小熊布偶，似乎能感受到在里面的工作人员的感受。这么做虽然无法体会他人的立场，但做类似的体验能使感知范围扩大。

最后，能通过回想起过去的记忆并重构，在对方的自我表白时容易产生这种体验，即使没有自我表白，如果实际看到或听到对方状况时也会产生这种体验。

例如，东日本大地震发生后，在阪神大地震中受过灾的很多人作为志愿者立刻前往灾区。其中有以前自己不会去参加志愿者活动，但是因为经历了大地震，亲身体会到了困难和无助，所以一定要去帮助他们。以上这些是不是都能说明问题呢？这里的重点不是根据自己的记忆类推对方的状态，而是自然想起。

B.3 由感知他人的心情得到的感受

这里说的是在面对对方纯粹的意图、喜怒哀乐的情感时，能够感受到对方纯粹的喜悦和困扰、痛苦时产生的情绪。如果对方的自我表白即使不是诱因，当以超越头脑的理解程度去感受到他们的心情时，就已经进入了层次 3 的状态。

我们虽然明白父母对自己的感情，但一直都觉得父母的唠叨很烦人。在某一个瞬间，突然间发现"那是对我关爱的表现，只是父母不擅表达而已"感激之情涌上心头。

C. 从现象、外部环境感受自己和周围的情况

A 是介绍关于自己的，B 是介绍关于与他人关系的，C 是指看上去像是别人的事，但其实和自己有关——感受到自己原来是系统中的一部分。

C.1 进入系统内部

这种状况是在感到自己是"循环的因果关系（系统）"的一部分时产生的。系统思考中把成为这种状态的表现称为"进入系统内部"。"进入系统内部"后，社会场域就到达了层次 3"感知"。相关的人进入系统越多，变化就会更加速。

前面我们介绍了美国汽车租赁策略的故事。当初，GM 为首的美国汽车公司认为二手车销售店的销售额增长和新车销售没多大关系。也就是说，他们把二手车销售系统放在了他们的外围。

但是，根据 GM 的调查，因为租赁销售只追求眼前利益，产生了巨大的二手市场，导致新车销售萎缩。并且，他们为了促进眼前的销售，缩短了租赁期间，减少了费用，以确保营业额的上涨。最后，二手车越来越受欢迎，新车却乏人问津。

也就是说，他们为提高营业额没有顾及租赁销售，最后发现自己掐住了自己的脖子。这不是别人的问题，是他们自己的问题。切身体会到自己是系统的一部分，即"进入了系统内部"。

这个例子有趣的地方是，因为害怕眼前的销售额和利益受损，从而提出租赁期由 36 期改到 48 期，取消 2 年制租赁的规定，这种做法遭到很多品牌经理及品牌分析家的强烈反对。

他们也知道租赁销售恶性循环的后果，应该都明白。但是被销售额及利益所诱惑，不愿接受变化。虽然理解系统，但还没有进入它的内部。像这种知道系统的存在，停留在层次 2 "观察"，最后却发现其实自己也是系统的一部分之后，才到达层次 3 "感知"。

C.2 直面可能发生的未来

这个是指穿着自己或家人的"未来的鞋子"时产生的。例如，日本人患癌症的比率，男性 53%，女性 41%。2 个人里就有 1 个人。但是如果身边没有人患病，自己又还年轻，往往会觉得跟自己完全无关。

体检结果显示自己或者家人有肿瘤后突然感觉原来自己正处于这件事当中，因为感受到未来自己或家人在迎接死亡的事实。这个时候才真正进入穿着未来的鞋子的状态。

不仅是消极的事情，积极的事情也符合这一点。有太多的幸运惠顾，有的人可能会说"我还没反应过来"，那是因为还停留在层次 2 "观察"状态中。

从未想过要结婚的女孩，突然有一天男朋友求婚，女孩同意了，可是没有那种结婚了的感觉。两人一起找新家、买家具，那种感觉慢慢才会产生。这种"结婚，开始夫妻生活"的未来的感觉出现，是到达了层次 3 "感知"状态。

以上是对"感知"的解释。这一层次是转换的重点。我们将在第 4 章介绍如何轻松到达"感知"状态的方法。

3.5 活动 4：自然流现

1. 与自然流现这个"未来"碰撞的瞬间

第四个活动是"自然流现"，在社会场域中属于层次 4（见图 3-10）。这一层次和前三个层次一样，关注的也是"内在状态"。

层次 4 "自然流现"位于 U 型底部。在这里内在的觉知涌现出来，开始出现未来。它是 U 型理论的关键点。对于自然流现存在两种观点（我们在第 2 章也讲过），有人觉得很难理解，摸不着头脑，也有人觉得非常好理解，有一种很惊讶的感觉，"它就像在描述我自己的体验"。这是因为有没有经历过会产生非常大的差异。但即使经历过，你也无法用语言清楚地表达。当然，可能你现在还无法理解，但也不用着急，可以先实际操作起来，伴随着经验的增长，就会理解。奥托博士在 U 型理论中引用了经历过自然

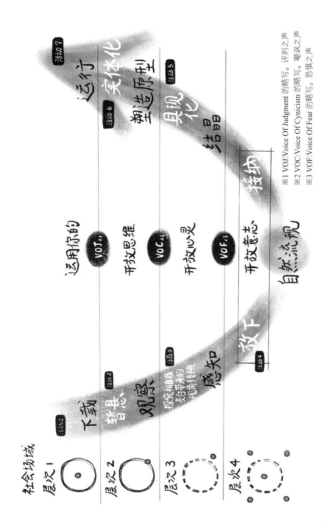

图 3-10 U 型理论的七个活动（自然流现）

※1 VOJ:Voice Of Judgment 的略写。评判之声
※2 VOC:Voice Of Cynicism 的略写。嘲讽之声
※3 VOF:Voice Of Fear 的略写。恐惧之声

• 107

流现的人的感受："我无法表达那种感受，就像过慢镜头一样，安静地，找到了真正的自我。有一种超越自我，与更大的存在连接起来的感觉。"

另外，在 *Presence* 一书中是如下表述的。

理解自然流现很难，不是因为它很抽象，而是因为那种感觉很微妙。自然流现的感知方式，对每个人来说都不一样。例如，彼得·圣吉在团队中会有"忘我"的感受："我是听众，听众是我，那个时候发生的事简直就像瞬间发生的一样。"

在危地马拉愿景工作坊中，罗纳斯·欧查塔讲述有关被杀胎儿的骨头的故事后，全场静寂。危地马拉的成员说道："感觉房间中出现了精灵，瞬间与精灵同体的感觉。"这种经历和以后的成功紧密相关。

约瑟夫在下加利福尼亚时，感到"意识和智慧的提升""动物和自己的界限、广阔的世界和自己的界限全部都消失了。在心灵深处打开了心智，从过去的束缚中解脱出来，然后考虑人生的下一个阶段该怎么做"。

自然流现的特征，难以用语言表达，但又不是根据每个人体验的不同进行分类并加以分析的。U 型过程用阶段表示，它强调和创新有关。

换句话说，只要能完成 U 型过程实践，你就能到达自然流现，产生创新。

本章的重点不是对自然流现这个"现象"的分析，证明自然流现和创新之间的相互关系。在这里的说明只是为了提示实践的要点。

虽说是实践的要点，但我们也会有"似乎明白、似乎不明白"的感觉。就好比买新衣服时，在不知道衣服到底适不适合自己时，会先试穿。我们也可以先跟着实践一下。

2. "我是谁？我一生的工作是什么？"

到达自然流现后可以达到什么状态？与创新是怎样联系起来的？根据奥托博士以及其他 U 型理论实践家的描述，结合自己作为教练、引导师的实践经验，我发现到达自然流现后可以达到以下状态：

- 涌现出划时代的想法及灵感。

- 发现个人的愿景，且非常确信。

- 领导者觉醒，并作为领导者的临在状态。

- 即使身处进退两难的状态，也能保持心态平和、充满活力。

- 自己的包容度提高，能促进自己的真实行动。

- 出现和过去经验不同的行为模式。

- 增强团队、组织的一体感、集体感。

- 会为团队、组织产生划时代的想法或共同的决定。

- 产生团队、组织的共创未来愿景。

……

这样的结果是个人、团队、组织都期望的。你可能觉得这样的结果很难实现。当然，并不是到了自然流现就可以实现所有这些结果。但是，经过几次的深潜，越到达深度的自然流现状态，产生这些结果的可能性就越大。

反过来，结果如此地难以实现，也足以看出自然流现在平时的生活中是很难达到的。它不是偶然的产物，高概率产出目标是 U 型理论可能性的核心，也是一种模式转变。

创新的源泉来自哪里？奥托博士着眼的是**"大我的存在"**。

在《U 型理论》中，奥托博士指出，所有人都具备进化的特性，认识到"我"不是一个而是两个，这非常重要。确实存在着由过去的经验形成的自己或者社会场域，可是，我们通过向着未来的探索，可以变成更高层次的自己或者社会场域。那不正是最高层次的可能性吗？最初的自己称为习惯性的"自我"（小我），较高层次的自己称为"大我"。

通过这两个"我"之间的交流能够找到自然流现的本质。在 U 型底部有一个非常重要的界点需要穿过。穿过这个界点就好像穿针眼一样困难。如果不能穿过界点，之前的变革努力都只能停留在表面，表面的变革缺少变革本质部分，缺少将来的最期望状态的"自己"。为生成"大我"，需要抛弃"小我"。

当"小我"与"大我"深入交流时，就能与最期待的未来产生深远又真实的连接，也就能得到基于过去经验无法解决的问题的启发和指引。

也就是说，新的领导力开发技术上最重要的是找到你自己——更高层次的"我"。

U 型理论的核心原理用一句话说来描述，就是和"大我"相连接。只有连接了"大我"，才会涌现出未来，产生能引导未来的创新。奥托博士在论著中引用不同的表述，表达了同样的意思。他是这样描述的：

在 U 型的底部，与布莱恩·阿瑟说的内在睿智的源泉相关联。要连接存在、创造性、能力的真正源泉，就需要跨越 U 型底部的门槛。为了更清楚地了解这个源泉问题，约瑟夫·贾沃斯基和我一起采访了迈克·雷。雷在斯坦福商学院开设了企业创造力这门课程，并被《快公司》杂志称为"硅谷最具创造力的人"。几年前就有人告诉我这门课程改变了他们的生活，所以我很有兴趣知道他是如何帮助大家触及创造力的源头的。

"你是怎么做到的？是什么方法真正帮助人们变得更具创造力？"雷回答说："在每节课上，我都创造一种学习环境，让大家解答关于创造力的两个根源性问题。"稍做停顿，他继续说，"我是谁？我一生的工作是什么？"
雷把"大 S 的自己（Self）"称为大我，一个超越了世俗、表明我们"最大
的未来可能性"的自我。同样，"大 W 的工作（Work）"不是指一个人现在
的工作，而是指一个人的人生目标，是你到这个世界上肩负的使命。

雷的谈话让人感兴趣的是，帮助人们更具创造力并不是他的才能和技
术领域，而是他通过让学员面对"我是谁"和"我一生的工作是什么"这
两个问题，激发出他们的创造性的这个立场。

奥托博士通过对雷等领导者的采访，得出结论：潜入 U 的底部，就会
出现"我是谁、我一生的工作是什么"这两个根本问题的答案。

如果有人对找到这两个根本问题的答案和到达自然流现后产生的效
果，以及变革成功的想法感到不大可信，有种想要反驳的冲动，也是可以
理解的。

真的有相关性吗？如果我们断言一定有的话，就一定会展开一场无谓
的争论。现在，我们暂且认为"U 型理论是站在这个前提下的"，先继续看
下去吧。

3. 将未来的"蜘蛛丝"拉到身边

现在我们来看自然流现是什么。《U 型理论》是这样描述的，自然流现
是感知（sensing）和存在（presence）的合成语，指的是连接最大的未来可
能性的源头，并把其带到当下。进入自然流现的状态后，认知开始基于未
来的可能性自然涌现，我们走进了我们真实的存在——真正的自我当中。
自然流现是一种从正在生成的未来交流自我的行动。

自然流现和感知在很多方面是相似的，两者都是（物理性）从外部转

移到内部。最关键的区别在于，"感知"把认知发生的场所转移到当前的整体上，而"自然流现"则把这个场所转移到正在生成的未来整体的源头上，即转移到想要生成的未来的可能性。具体看奥托博士的图 3-11。

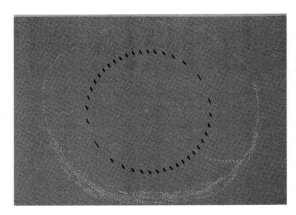

图 3-11　自然流现

层次 1 到层次 3 是相对过去的模式到当下的状态，层次 4 "自然流现"是"正在生成的未来整体的源头，即想要生成的未来的可能性"这一点，和其他三个层次差异很大。打个比方，未来的可能性就像"蜘蛛丝"[①]一样会随时垂下来，让我们能够试着探索过去或当下的状态无法到达的领域。

对前面介绍的"新兴复杂性"的解决策略，奥托博士认为只有到达层次 4 "自然流现"之后，才会有答案。新兴复杂性有三个特征：问题解决方法未知、问题全貌不清楚、主要利益关系者不清楚。就像在暴风雪天气的恶劣环境下发生雪山遇难时，我们发现手边的地图已经不起作用，只能依

---

① 蜘蛛丝：芥川龙之介的作品《蜘蛛丝》，故事讲得是佛祖释迦摩尼想给正在地狱中受难的犍陀多一次生还的机会，从极乐世界放了一根蜘蛛丝下去救他。在往上爬时，犍陀多发现很多罪人也跟着他一起爬。他担心蜘蛛丝会断，所以大声呵斥，不允许他们一起上去。佛祖看见后很失望，一刀剪断了蜘蛛丝，最终犍陀多也一起掉了下去。

靠指南针摸索着前进。在这种状况下，提高摸索前进的准确度会直接关系到生死。就像遇难时只能依靠指南针一样，面对新兴复杂性问题，重要的是从"正在生成的未来整体的源头，即想要生成的未来的可能性"摸索前进。

通过与"大我"连接的方式，从未来的可能性出发，把过去经验延长线上没有的"蜘蛛丝"拉到身边。这才是自然流现的本质。

4. "京都最差学校"脱胎为"日本第一"

到现在为止，我们主要以抽象说明的方式解释了自然流现的含义。现在，我们用实例来说明自然流现的状态。由于自然流现的状态发生在"即将出现的未来"，而且"每个人对自然流现的感知方式都不一样"，我尽量用简单的例子来说明。

自然流现的状态体现在凯丝美公司，就是社长说的："你们一个个真心实意地告诉我，到底有没有奋斗到 12 月月末的决心？"当最后一张便笺纸被打开，上面显示全部都是〇时，在那个静寂的瞬间大家可以听见水滴落下的声音，感觉到了一种用言语无法表达的类似"意志"的东西。还有宫泽说的："今天对我来说感受非常深刻……"他低下头，不说话了。只有大颗大颗的泪珠滴落，放在膝盖上的手都被润湿了的瞬间。

自然流现的状态体现在与母亲的对话上，就是母亲在和我电话通话后第二天去祖母的坟前发誓"我要活下去"的那个瞬间。如表 3-2 所示，从"下载"开始，多次"观察""感知"后到达"自然流现"状态。

表 3-2　各种情况下社会场域的深化

社会场域			案　例	
			凯丝美公司	与母亲的对话
层次1	⊙	下载	A．和社长面谈的场景 • 社长在上任 10 个多月的时间里，看不出有效的治理方法 B．第一次活动以及反思场景 • 在世界咖啡中浮于表面的意见 C．第二次活动场景 • 给予 5 分钟休息时间，答复确定是否参加活动，等待答复之前的状态	A．确诊帕金森病之前 • 在平坦的地方摔倒有帕金森症状发作时，误认为是年纪大了的缘故 B．得知帕金森病后，打电话之前 • 家人面前总是笑呵呵的母亲的状态 • 对父亲和哥哥的"这么做、那么做"的指示，根本没兴趣的母亲的状态 • "不要相信其他人说的话"，父亲和哥哥的状态 C．电话聊天中 • 有点尴尬说出来，但还是坚强乐观叙述的母亲的状态 D．电话结束后 • 在网上搜索有关帕金森病的信息，无法专心工作的我的状态
层次2	◔	观察	A．和社长面谈的场景 • "用 3 小时和半天时间，希望做到营业额达标。"对于这个要求，大家从各个角度表示怀疑态度的状态 B．第一次活动以及反思场景 • 通过 10 分钟以上的时间，寻找自己没有意识到的失望的状态 C．第二次活动场景 • 促成参加意识的 5 分钟休息的传达 • 决策层和生产人员的对立 "有什么就说出来""就是说了也不会有什么答案"	A．确诊帕金森病之前 • 发现母亲手在发抖的父亲的状态 B．得知帕金森病后，打电话之前 • 被告知帕金森病时的父母和哥哥的状态 • 从邮件得知帕金森病时我的状态 C．电话聊天中 • 听着有点尴尬说出来，但还是坚强乐观的母亲的话语时，我的状态 • "不可以到祖母墓前去跟她说让她来接你的话"，我忍住了不说这句话，一直就这么听着母亲说话的我的状态

社会场域			案　例	
			凯丝美公司	与母亲的对话
层次 2	◐	观察	• 营业部和市场部的对立 "卖得掉的证据用数字表示出来""没法表示出来" "对不起，我们生产了卖不掉的商品。不管怎样，请尽力去销售吧。"对低下头说的这番话感到震惊的状态 "明明就是三流销售！""你们根本就没听客户的声音！"互相辱骂的状态	D．电话结束后 • 在网上搜索有关帕金森病的信息，了解了一些有关这个病的新信息后，我的状态
层次 3	⚫	感知	A．和社长面谈的场景 • 听到"如果问题拖延、不解决，建议还是停业吧"，我们看清了自己状况的严重性 B．第一次活动以及反思场景 • 由年轻销售精英的一句话——"我感觉到我对身边人的失望，任何人都指望不了，只能靠自己。所以不断地指责别人。现在想是自己在推卸责任"引起的思考 C．第二次活动场景 • 营业部说到"实际在销售现场，竞争对手公司的人瞧不起凯丝美公司"的瞬间 • 营业部和市场部对立时，总务女生一边哭一边说道："大家同在一个公司，又都是为了把工作干好，彼此间为什么要不留情面地相争呢"的瞬间 • 社长听到营业经理的"太累了，这一年，再也不想有第二次了"这句自言自语的话后的瞬间反应	B．得知帕金森病后，打电话之前 • 读完医生给的小册子，母亲的状态 • 和护士阿姨聊天后，告诉她很多有关消息后的状态 C．电话聊天中 • "很担心是吧？"被我这么一问之后的母亲的状态 • 母亲因为自己的生病，担心父亲没人照顾，觉得太可怜，我知道后的状态 D．电话结束后 • 直面妈妈死亡的我的状态

续表

社会场域			案 例	
			凯丝美公司	与母亲的对话
层次4		自然流现	A．和社长面谈的场景 ● 听到"如果只是做拖延时间的事，那不如把时间投入到员工的再就业上"的提案，短时间内大家沉默延续状态 C．第二次活动场景 ● 社长命令"现在一个个真心实意地告诉我，到底有没有奋斗到 12 月月末的决心"，所有人在便笺纸上写上○，静寂无声的瞬间 ● 宫泽说"今天对我来说感受非常深刻……"并低下头，掉眼泪的瞬间 ● 年轻营业精英说"宫泽说喜欢凯丝美公司"，一下语塞时的瞬间	D．电话结束后 ● 电话挂掉之后，第二天到祖母墓前宣言"我要活着"，这段时间内某个时刻的状态 ● 两天后，听到母亲说在墓前跟祖母宣誓要活着时，那个瞬间我的状态

自然流现通常是在多次经过浅层次后最终到达深层次的状态。其间也会有像凯丝美公司那样在非常短的时间内发生剧变的情况，也有花了几个月甚至几年重复着浅层次才进入自然流现。有时，一下子就到达了深层次的自然流现。也有一点点地累积，细水长流，自然发生变化进入自然流现状态的情况。

下面我们以一个陷入纠结、困境，经历了一段时间才取得奇迹般胜利的故事来说明自然流现状态。只有从头到尾用讲述故事的方式，才能对自然流现的状态、其间瞬间发生的、可能发生的反应有更立体的理解。

这个故事讲述的是伏见工业高中橄榄球部的原教练山口良治先生的故事。

1974 年，伏见工业高中因为有很多不良学生，曾被称为"京都第一不良学校"。山口良治在伏见工业高中任教后，带领一个弱小的橄榄球队取得全日本优胜的艰苦历程而成名。在这个故事背后，一个重大的转折点是，伏见工业高中和当时的橄榄球名校花园高中之间的一次比赛。

山口良治之前是在日本国家队。他在上任的第一天，原以为队员会热烈迎接自己，结果运动场上一个人都没有。之后也是无论怎么劝说，队员都不来训练。"信不信我们揍扁你！"队员在气愤之余，几乎把他们的球棒甩到他身上，还说，"你那么有名，还到这里来干吗？如果真的那么有名，去别的学校好了！为什么到这里来？我们没工夫听你的。"

在这种情况下，他想："如果来一次比赛，或许队员就会精神起来。"然后，他就准备了一次训练比赛。可队员串通一气，在比赛当天一个人都没来。他只能低头向对方选手道歉。当天晚上，对方的教练邀请他一起喝酒，鼓励他"再忍忍，再忍忍"。他情绪激动，不禁落泪。那天的酒中也掺杂着他的泪水。

这样，在"为什么队员都不跟着我好好学"的无奈心情中，山口良治先生迎来了"春天的京都府大赛"，初赛对手是去年全国大赛优胜学校——花园高中队。

正如山口良治预料到的，比赛开始不到 40 秒，形势已经非常难看了。看着那些队员，他不禁愤怒地认为那些队员咎由自取，"因为不听我的话，才会遭到如此下场"。

在焦躁中，分数差距越来越大。20 比 0，40 比 0，最后 15 分钟时成绩竟然是 80 比 0。那个时候，山口良治突然有一种强烈的感受涌上心头："这帮可怜的孩子，现在是怎样的心情呢？输得这么惨，一定很懊恼、很痛苦，到现在我为孩子们做了什么呢？"他开始转向自己，什么都没做，只想着自己"是日本国家队的""是教练""是老师"。当发现自己只是一味地自以为是，什么都没做时，他感到懊悔不已，不禁掉下眼泪。

之后也是节节败退，最后以 112 比 0 的结果惨败告终。看到那些垂头丧气的队员回来，山口良田是这样说的："大家辛苦了，没有受伤吧！很难受吧！"这时，一个最抵触他的队员一屁股坐在地上大哭起来，说道："我不甘心。"像受到感染似的，20 个队员都哭起来并说道："我们不甘心！教练，教我们赢花园！"他说："好，一定，跟着我吧！一定打败花园！"这时，他深刻感受到强烈的一体感。

在接下来的日子里，以"打倒花园"为口号，他带领队员进行了严格训练。一年后，在同样的运动会上他们战胜了花园高中，以 18 比 12 的成绩胜过花园高中，成为京都第一。

几年后，伏见工业高中在全日本大赛上也获得优胜。这个奇迹般的胜利后，给队员带来了非常精彩的人生。他们各自活跃在不同的社会角色中，最抵触山口良治的那位并带头说"我不甘心"的队员，成为公司的创业者。另外，从没在人前哭过的一个最差后备队员在看完比赛后非常激动地流下眼泪，一年后成了日本高中代表，后来成了一名老师。之所以选择当老师，是因为山口良治对他说："只有你最明白不良孩子的心理，也只有你才能引导他们走上正道。"这句话让他义无反顾地选择了这个职业。

5. 迎接开启未来的瞬间

我们可以说"下载""观察""感知"是个人内在的体验，而自然流现则超越了个人的范畴，如共振般能影响到其他人。

举个简单的例子。当看电影的时候，很多人都有过每次看到某个画面都会流泪的感受。那是因为那个画面是由自然流现的状态产生的。

毕加索、莫扎特即使离开了这个世界，他们的作品仍然能打动人们的心灵。那是因为这些都是自然流现的状态，从大我中产生的。

著名乐队"孩子先生"（Mr.Children）的原创歌手樱井和寿认为，"在自己完全放空的状态下，和（从自己内心发出的）那个声音碰撞时，产生的那个音乐会把自己内心的某种东西释放出来。那个释放出来的东西又和听众的某些东西相连接"。他觉得，歌曲是自己的无意识产物，那种无意识与听众有一种共鸣。如果引用 U 型理论的描述，应该表达的是"大我"创作了歌曲，并与听众连接起来的意思。前面提到的伏见工业高中的故事，即使已经是 40 年前的事了，还是会令人感动。凯丝美公司的事例也是这样的。虽然大家不在场，可还会有人感动得落泪。那是因为他们进入了自然流现的状态，实现了超越个人的共振。

另外，自然流现之后会出现过去的经验没有过的全新的展开，用"那个时刻，历史性的转变"来形容也不为过。例如，本来怎么说都无动于衷，不肯训练的橄榄球队员突然间 180 度的转弯，战胜了之前大胜的花园高中的那种奇迹般的事情。

奥托博士把这种过去经验中没有、生成全新可能性的瞬间，叫作"正在生成的未来"。即使没有这些戏剧性的故事，如浮在浅层次的会议，在潜入自然流现之后，谈话会迎来新的局面，变得更加深入。参加会议的所有人都会有"哦，原来如此"的肯定结论。

这种展开并不总是很明显，如果能够一点点累积起来的话，相比领导那种下载式的自上而下的命令，员工会更加真诚，每个人都能发挥自己的主动性，默默地发生转变。

如果这就是自然流现，那么，进入这个状态的入口是什么？为了寻找这个入口，我们再一次回到伏见工业高中的故事。

① 下载："谁让你们不听我的话"与"到别的学校去教"

山口良治：

"我是日本国家队的！我是教练！我是老师！"

"因为不听我的话，才会遭到如此下场。"

队员：

"如果真的那么有名，去别的学校好了！我们没工夫听你的。"

"比赛当天所有人集体罢赛！"

② 观察：关注比预想更大的比分差距

与花园高中比赛时，始终是 0 分，与花园高中的比分越拉越大。

③ 感知：开始指向自己，站在别人的视角来看，进入开放的心灵

山口良治：

"输得这么惨，一定很懊恼、很痛苦。"

"到现在我为孩子们做了什么呢？"

"真的对不起。"

队员：

"我们不甘心。"

"决定跟着他走。"

④ 自然流现：每个人都大哭，整个团队感到一体感，进入开放的意志

最抵触山口良治的队员叫着"我不甘心"，大声哭出来后，其余人也都跟着一起哭起来。

那么，最重要的自然流现的入口到底是什么呢？

U 型理论中，把它称为"放下"（Letting Go）。

6. "放下"，感知到的未来

我们通常使用的"放下"一词，一般是指"放弃车子""放弃房子"等表示舍弃自己的东西的意思。但是 U 型理论中的"放下"包含的意思更多。

可以说，它指的是放下自己"执着的东西"，更确切地说，**是对某种"认同感"（Identity）的放手。**

在人类的生存机制中，我们会无意识地持续"同化"意识。对于自己身体这个物质，我们会把它视作"自己"的东西，让它保持生命的延续。除了这些，我们对自己的孩子也一样，相比自己甚至更加关注孩子。因此，我们在无意识状态下会非常担心孩子，如果孩子不好好学习，就会很生气。我们不仅对自己的孩子是这样，对自己的东西也会在无意识状态下进行"同化"。例如，手机丢了或者坏了之后会影响到自己。另外，看到别人的车被撞，最多说一句"可惜了"。如果自己的车被撞，估计就会大发雷霆。

以上这些都是对于物质的同化证据。

另外，不只认同物质，还认同自己的想法以及自我印象。如果有外在因素否定自己，就会让我们产生不愉快的感觉。但是，认同自我会让我们无法超越现状，这也是一个忠告。我们经常会这样评论某个行业的达人："那人放松了好多，变自然了。"换句话说，对所有执着的东西放手了，解除了自己"认同感"的状态。

奥托博士认为放下"认同感"对生存的执着时，就会到达自然流现，迎接即将到来的未来。

7. 穿越恐惧后迎来"想象之外的未来"

从层次 1 "下载"到层次 2 "观察"的转换，以及从层次 2 "观察"到层次 3 "感知"的转换，会被评判之声和嘲讽之声阻挠，这些已经在前面一节介绍过。为了穿越这些壁垒，需要"开放的思维"和"开放的心灵"。

同样，在从层次 3"感知"到达层次 4"自然流现"时，也会出现一道壁垒，它就是**恐惧之声**（见图 3-12）。

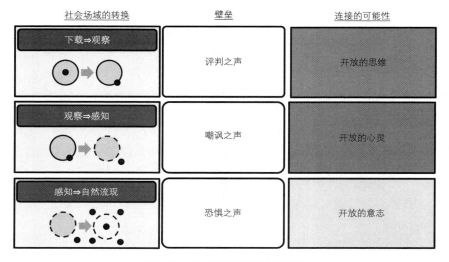

社会场域的转换	壁垒	连接的可能性
下载⇒观察	评判之声	开放的思维
观察⇒感知	嘲讽之声	开放的心灵
感知⇒自然流现	恐惧之声	开放的意志

图 3-12   三个壁垒和三个可能性

到达层次 3"感知"时，过去的模式被打破，自己也能站在他人的视角看到更多的情况。我们遇到的情况复杂性越高，就越能体会到处理的难度，在这种情况下陷入纠结很普遍。

此外，即使状况已经逐渐恶化，也会出现维持现状、什么都不改变的情况。因为很多时候，打破现状会有风险，所以需要鼓足勇气。在这个过程中，我们会有提心吊胆、胃部痉挛的感觉，会明显感觉到恐惧。这就是恐惧之声。

我们再回到凯丝美公司的例子。佐藤当初很犹豫要不要邀请我作为引导师介入，最后还是鼓足勇气安排了一个对话的场域，并取得了很大的成功。在活动结束的时候，她说："我真的非常害怕，如果这次失败了，也就意味着没有任何机会，彻底失败了。"这充分说明了她的矛盾和纠结。她就是跨越了恐惧才获得了成功。

社长也是如此，在问到所有员工的决心时，他说："如果有一个人打×，我就马上去会长室，要求公司倒闭。"正是他跨越了"公司倒闭"坏名声的恐惧，才坚定了员工的决心。

"放下"是对某件事情、某种状况"认同感"的放手。自我"认同感"越深，放下时越会产生抵触，并伴随恐惧。这就像跳没有系安全带的蹦极，**当我们跨越恐惧、鼓足勇气向前走时，就到达了自然流现，也就能迎接过去的经验中没有的新的可能性。**

我自己也曾经几次潜入 U 的底部，并遭遇到恐惧之声的阻挠。但是蹦极之后迎来的新的未来都不是事先预测过的范畴，都是想象以外的扩展。

奥托博士认为**只有跨越恐惧、到达自然流现时，才会进入"开放的意志"。**这个"开放的意志"需要在与"大我"连接的状态下才能进入。《少年维特的烦恼》的作者歌德，同时也是剧作家、自然科学家、政治家、法律学家。他也是通过进入"开放的意志"后，写下了以下这段话：

在下定决心之前，每个人都会踌躇，而且随时想着退缩，徒劳无益的人很多。这个时候要想行动或者创造，其中蕴含着一个真理。

一旦你非常坚定地下了决心，上帝就会介入进来。之前你认为不可能的事情，开始出现。不理解这个真理的人会毁灭无数的创意和精彩的计划。

接连会发生很多事情。从下决心的那一刻开始，所有没有预想到的事情、邂逅和物质上的帮助等，甚至做梦都没有想到的，都会来到你的身边。

做你想做的，或者做你认为应该做的，现在就开始吧！

勇气中蕴含着天赋、力量……魔法！

约翰·沃尔夫冈·冯·歌德

U 型理论被称为实现过去经验的延长线上从来没有的未来的创新理论，是因为它阐明了进入"开放的意志"，从而迎来从未预见过的事情或机会的道理。

8. 真正的领导力源于"死亡"后得到重生

再次回到伏见工业高中的故事。山口良治和队员是如何放下彼此的？或许，山口良治固执地认为"我是日本国家队的""我是教练""我是老师"，而那些队员也固执地认为"你是敌人"。

山口良治从责怪队员"不听我的话，才会遭到如此下场"变成责怪自己"我为孩子们做了什么呢"开始打开心灵时，心中会有"真的对不起"的感觉。这时开始放下自我，不再认为队员"不听话、活该这样"，而是把他们作为一个个独立的人来对待。

如果他不放下自我，比赛结束后非常可能对队员动粗口："就因为你们不听我的话，才会是这副惨样！"或者什么都不跟队员说，一个人愤然离场。这都是有可能的。在这种状态下，不仅无法拉近与队员的距离，而且情况可能会更糟。

他在放下自我的瞬间说道："大家辛苦了，没有受伤吧！很难受吧！"自己内心的感受并不只停留在内心，更用自己的态度明显表现出来，这令他多少有点不自在。他本来就是一位气度很大的人，或许没有这种不自在感。但是，马上转变成与之前傲慢的态度完全不一样的和蔼态度，可能连自己都接受不了。这也是人之常情。能克服由这种自我的改变形成的不自在并表现出来，正是"放下"的瞬间。

队员在比赛惨败之后，心里非常难受，是因为不能表现出来而感到特别委屈。当他们开始转向自己时，山口良治的"大家辛苦了，没有受伤吧！很难受吧"这句话，让他们觉得跟着这个人不会错。从山口良治的眼睛里，他们看到教练对他们的爱。对山口良治的敌对心理也开始解除，他们随着说出"我们不甘心"几个字，对山口良治的反抗心理也放下了。

这里要特别说明的是，山口良治是日本国家队选手，有着自己的个人魅力，在这之前也有过带领团队的经验。但是现在，那个"过去的自己"已经无法率领伏见工业高中橄榄球队的队员了。也就是说，之前的领导力已经不适用了。

山口良治放下"过去的自己"，迎接"新的自己"后，领导力提升到了一个新的高度，产生了一位能率领不求上进队员的优秀领导。

队员也是如此。队友间相互起到领导作用，形成了一个能经受严格训练的团队。除此之外，有的人步入社会后成为创业者，有的人成为能读懂不良学生心理的老师。成为能主导自己未来的领导，这个转折点可以说就是"我是谁""我一生的工作是什么"这两个根本性问题的答案出现的瞬间。

山口良治说："小畑（最抵触山口的那个队员）的'我不甘心'这句话，是伏见工业高中橄榄球队的第一声啼哭。想到当时的情景，小畑的身影仿佛就在面前。这一切至今还历历在目。"

过去的经验里没有的伏见工业高中橄榄球队队员的样子，用"成长"这两个字似乎不能完全表达，"重生"会更合适。不仅是队员，山口良治作为领导也是"重生"。

奥托博士在《U 型理论》中是这样说的：

"领导"（lead）和"领导力"（leadship）的印欧语系词根 leith 的意思是"向前走""跨越界点""赴死"。有时，放下会有"赴死"般的感觉。但是我们所经历的 U 的深潜过程告诉我们，在新的事物出现之前，某些事情必须改变，也就是一定要跨过界点。

勇气从求"死"中来。敢于跨过边界，进入全新未知的领域，才是领导力的本质。

从熟悉的领域跨出一步，对每个人来说都会有些难以接受，有时甚至会有"如果那么做了，自己会变成什么样，会不会死"的情绪。但是，就是因为跨出一步到了无法预测的虚无当中，才会有出现的未来。这个结论是 U 型理论的本质。这也是面临三种复杂性的现代人拉到"蜘蛛丝"的智慧。

活动 5：结晶
3.6

1. 从未来的最高可能性，结晶出愿景和意图

从第五个活动"结晶"开始便进入了 U 的右侧上扬部分的"创造，即立即行动，塑造原型"的第三个阶段中。也就是说，前四个活动都是转换行动的源头。从现在开始，我们需要自己去感知未来，使正在生成的未来的愿景和意图清晰而明确。（见图 3-13）

在《U 型理论》中是这样描述"结晶"的：

结晶是指基于最大的未来可能性澄清愿景和意图。"结晶"和通常所说的"愿景"的区别在于：结晶发生在觉知和自我的深处，愿景可以开始于任何阶段，甚至可以开始于"下载"阶段。

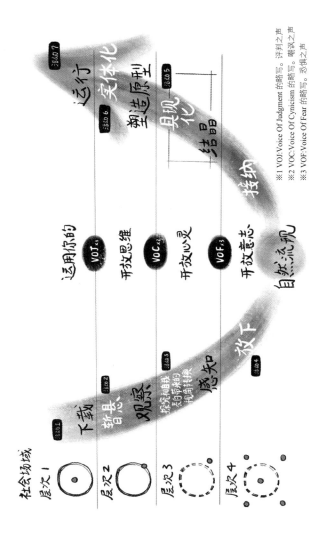

图 3-13　U 型理论的七个活动（结目）

※1 VOJ:Voice Of Judgment 的略写。评判之声
※2 VOC:Voice Of Cynicism 的略写。嘲讽之声
※3 VOF:Voice Of Fear 的略写。恐惧之声

在团队里，经过静默的瞬间，呈现自然流现，你会发现自己微妙的身份转换以及团队工作氛围的变化。到此为止，只能感受到一种未来的可能性。经历自然流现之后，已经准备好把这种个人及集体的潜力转换为现实。"我们无法不行动"。而行动的第一步就是更明确地澄清愿景和意图，把创新的事物用具体的形式表达出来。

因为以上多为抽象的表现，所以大家一下子很难理解。我要传达的重点是：**结晶的过程如果没有经过自然流现的过程是不可能存在的。这一点与一般的愿景制定过程不一样。**

一般放入商业教科书里的精彩愿景，大多都是纸上谈兵，不现实。用 U 型理论的观点来说，是因为愿景没有经过自然流现的过程才会这样。关于这个"没有力量的愿景"在 *Presence* 一书中是这么说的：

很多愿景最初就注定了失败的命运，无论愿景规划者是否意识到这一点，因为它们是从没有力量的场域出发的。从 U 型理论来看，很多愿景规划的问题在 U 型的左上方就开始显现，愿景规划者对眼前的现实缺少共同的理解，也没有共同的现实责任感，而且总是把这些问题归咎于"外部"的人所勾画出的愿景，即"外部化了的愿景"。

事实上，在大多数组织（特别是商业企业）中我们经常可以看到有关愿景的固有观念以及由此引发的混乱。

很多组织有着强烈的"愿景是由领导提出的，员工只要跟随就行"的观念。如果领导不提出愿景，就会招致不满。如果提出愿景，又无法产生共鸣，那么最终是一种口是心非的状态，或者最多就是只能参与与愿景嵌合的业务，但是缺乏参与的热情。

当员工说需要领导提出方向时，领导认为，员工是在为自己缺乏主动性找借口，批判领导。所以提出愿景也是揭穿借口的一个方法。于是，提出诸如"客户是上帝""市场占有率第一""全市第一店"等毫无新意的愿景。

很多愿景完成了当然好，作为目标也是理所当然的，而员工则陷入了思考停滞的状态。

很多组织有着"愿景等同于目标"的观念，所以往往用上市及营业额等形式表现出来。特别是上市，因为容易形成共识，所以大家会努力前进以达到目标。由于大家对"为什么上市"的意义没有形成共鸣，因此无法创造出上市带来的有吸引力的目标，最终导致组织能力下降。达到目标后，那些对上市起到至关重要的人才会退出，而那些追求上市企业的安稳而进入企业的人会加入，最终陷入大企业病。

对于以上这种情形，你可能会想"我们公司也是一样的"，是吧？

根据我的经验，除了那些真正以理念经营的企业，其他企业大多数都是这种模式。发展好的时候问题不会出现，但问题仍然存在。就像大家所说的"营业额能瞒天过海"，但是当业绩下降时，隐藏的问题就会像冰雪融化后露出的泥土一样全都暴露出来。

2. 愿景是逐渐清晰起来的，而不是刻意而为的

为什么大多数组织会陷入这种模式呢？因为他们对愿景有着很大的误解，这个误解是"愿景可以通过讨论来实现""只要明确语言作为不会引起误解的记号，它就能够像手旗旗语和莫尔斯电码那样传达愿景"。

特别是准备上市的企业，很容易对愿景产生误解。企业上市后由于资金筹措的范围扩大、社会信用度提高等使企业具有更多优势。企业不仅可以享受好处，而且企业上市后股价急剧上涨，持有股票的员工也能享受到资本的利益。有些中小企业的上市梦想就像运动员希望能参加奥运会一样——上市

后就能满足成就感。反过来，随着上市企业信息的公开，各种制约也不约而至。股东会要求业绩继续上涨，从而就失去了没上市之前的自由。

我们看到，上市对企业来说既有利也有弊，所以对于上市的愿景，也会产生很多不同的意见。

例如，社长经过深思熟虑后认为："为实现自己的梦想需要更多的资金，因此要上市。""随着企业增长，对人才的要求更高，上市能够提高企业的影响力，能够吸引更好的人才。""考虑到自己的年龄，还只能做 10 年。上市后能够更有主动权地选择接班人。"

当社长把这些想法与其他干部分享之后，他们往往对社长的上市目的在头脑层面理解了，但没有引起共鸣，也就是说，没有到达层次 3 "感知"的状态。为什么？因为希望积极投资扩大、人才缺乏的危机感、社长的任期越来越短的紧迫感等，他们如果不是站在社长的角度上是无法体会到这些的。最终，企业上市就成了社长上意下达的决定。

社长提出愿景，员工紧随其后。这种情况在上市企业以外的企业也不在少数，但是在上市企业会出现一些独特的现象。员工容易产生包括"股票收益"在内的各种遐想，造成员工各自根据自身的需要解释上市的目的，在行动上冲动行事。

企业上市，不是所有人最合适的目的，充其量只是和个人的目的相一致，是一种利害没有统一的状态。因此，即使是值得努力的目的，终于上市了，一夜暴富后也有辞职的人；在满足上市结果后，又开始摸索其他道路的人也开始出现。另外，上市后没能向员工提出比上市前更高的目标，以致组织力下降，几年后业绩严重下滑。

这是因为上市仅仅是一个目标，却被当作愿景提了出来，或者对于上市意义的理解支离破碎，引起了各种冲动行为引发的弊端。

对于上市这种目标容易理解，但在说到"为什么要上市以及上市的意义是什么"的时候，大家往往会一筹莫展。**因为愿景回答的是"什么样的未来是自己最希望的、为什么那是最希望的"问题，而这又是一个由于价值观的不同引发的高社会复杂性的命题。**

愿景不能通过讨论，只能通过对话形成。不仅是在创建愿景的时候，即使在推动愿景的时候，对话也是必要的。

究其原因，真正的愿景是深潜入 U 的底部，连接到源头——"大我"才会产生的。在"下载""观察"状态时，只是处在思考阶段，愿景作为新的价值观还未出现在自己内心深处。

这些年来，"愿景"这个词常常被人提及，可是它的真正含义经常被忽视。愿景并非什么崇高的理想，也不是用于鼓舞人心的。愿景最单纯的定义是自身想要生成的东西的形象。有力量的愿景不是由思想，而是由源泉和不断连接源头的能力所生成的。有力量的愿景，是这一瞬间对于所依据的深深的目的表现出的东西。如同连接水管的喷口加大水势一样，明确的愿景与自然流现中涌现出的使命感和能量相关，是明确焦点的东西。

在 *Presence* 一书中作者写道：**当愿景在场域中出现时，在场的人会萌发出新的价值观和价值准则。如果最高领导者从自己内心形成了新的价值观和价值准则，那么应该让员工也萌发出愿景。**

当我们试着通过讨论来说服对方时，对方只会在"下载""观察"状态，无法影响到其内心，结果是"怎么说都不能理解"。想让对方萌发出愿景，就需要相互探询每句话背后的想法，并真正做到聆听、对话。或者像马丁·路德·金"我有一个梦想"的演讲那样，以"自然流现"的状态打动对方。

关于真正的愿景，*Presence* 的共同作者约瑟夫·贾沃斯基是这么说的。

当人与人、人与整体连接时，场域会发生变化，在那个空间内生成的愿景是可以信赖的。人们无须了解一切，只要能感受到强大的意志，并追随它就可以了。从某种意义上说，**真正的愿景是在追随中逐渐清晰的，而非制作出来的。**

对照伏见工业高中的故事。在惨败给花园高中后，如果没有达到"自然流现"的状态，当山口良治提出"我是日本国家队选手！我要让你们获得全国优胜！"的口号时，队员可能谁都不会响应，反而会引起反感，让彼此更加疏远。

凯丝美公司连续十年业绩不佳，其间有关愿景的讨论应该也为数不少，但是实际上我们可以看到，没有突破。然而在大家都必须表明态度的那个瞬间，凯丝美公司的愿景和意图诞生了，那"不是新的创造，而是呈现出来了"。

从这些逸事中可以观察到，以往"愿景"这个词所无法表现的领域，以及我们对于结晶的过程所包含的某种可能性抱有期待。

3. 一流艺术家谈论结晶的过程

与到达"自然流现"需要的是"放下"（Letting Go）的过程一样，**实现结晶，需要的是"接纳"（Letting Come）的过程。**

Letting 这个单词，是"使做什么"的意思。Letting Go 是"使……走"，Letting Come 是"使……来"。

Letting Go 是让小我的自己"放下"，留下空白，让静寂来袭，那就是自然流现的状态。Letting Come 是在静寂之后的空白处，在等着什么东西来。

深潜到 U 的底部时，放下和接纳都是通过意识进行的。"放下"这个词包含"下定决心"的觉悟意识，而"接纳"是到达"自然流现"状态后，经由自己，接纳"希望呈现"的未来，那才是结晶状态。奥托博士强调，在结晶状态"调动双手的智慧"非常重要。

放下和接纳都有可能在刚刚相遇的时候产生，但是当我们主动地参与进来的时候，两者就具有了意志的属性。关于放下，我们常常用"做好最坏打算"来表现此时需要的是做好思想准备。而与此相对应，接纳"使之到来"的感觉略有不同。

我们长久习惯了用头脑思考问题，因此，大多数人都认为智慧及想法都是思考的产物。但是，画家、音乐家以及艺术家创作的作品，很多都是根据自己内心涌动而即兴发挥的，他们都非常重视像"纺纱一样"用心、专注创作作品的过程。

U 型理论把结晶的过程和艺术家的创作过程结合起来，做到了融合。

结晶的过程比较容易理解。著名乐队"孩子先生"（Mr.Children）的原创歌手樱井和寿在接受 NHK 教育台的 *THE SONGWRITERS* 节目主持人佐野元春采访时的对话，非常有意思。

佐野问道："作曲时，你是先从作词开始，还是先从谱曲开始？"樱井回答："我大多数时候是先从谱曲开始，去感觉曲调想述说什么、想表达什么、想发泄什么，这些以某种感觉的方式生成。然后，旋律在头脑中形成，找到一种主音调，先自己用'啦啦啦'或者适当的英文哼出来。通过嘴巴的打开方式、声音的高低程度，以及是愤怒还是温柔的情绪等来获得歌词。"

听了樱井先生的话，我更加确信"结晶的过程就是这样的"。他的那些吸引无数人、完成难度很高的词和曲，不是用头脑先设计好、再用乐谱和歌词表现出来的，而是从他弹吉他的手指间、发出的声音中去寻找感觉，完全凭着感觉来创作，并经由自己把这种想表达的"什么"呈现出来。

佛像雕刻师把雕刻佛像称作，把在大理石里休息的佛的姿势雕刻出来。陶艺家会说："我的手知道要做什么？"这些都是结晶的过程的表现。

另外，樱井还说了以下这段话：

通过音乐、歌曲、语言，我有一种穿越自己的感觉。自卑感、喜欢的女孩子、怎样的性格等，穿越所有这些，我一直想通过音乐把人与人连接起来。面对音乐时，尽量让自己的大脑处于放空状态，这样就能感觉到自己的内心被打开了。于是，这个打开的部分和听众相连接，并希望能共同拥有。这是我一直都期望的结果。

他在讲述的过程中，几次提到了"我的无意识使我完成了创作"。对他来说，创作过程就是让无意识经由自己引导出什么，并将引导出来的东西与听众连接起来。

我们容易陷入这样的思考，即人们自身所具有的思考和技能，能够创造出从来没有过的东西。但是在 U 型理论中，要让经由我们的身体涌现出来的东西显现出来，才能真正与创造性相连接。这是这个理论的新模式，也是超一流的实践者的共同秘诀。

4. 结晶的过程

就像艺术家的创作有各种形式一样，结晶的方法有头脑风暴、创作舞蹈般摆动身体、动手将黏土制成各种形状等方法。

现在介绍奥托博士采用的方法。为了让大家能更清楚地了解，我把我当时的亲身感受也一起来分享。

我是在美国波士顿参加了为期四天的 U 型理论工作坊，开始接触 U 型理论的，当时有 80 多人参加。在学习 U 型理论的过程中，奥托博士让我们做各种练习，以体验 U 型理论的七个活动。他采用了看电影、在寒冷的 2 月到波士顿街头漫步、每天早晨冥想等形式。

通过这些练习，我经历了 U 的过程，经过感知、自然流现、结晶，呈现了自己的愿景。在这个过程中，我把内心的变化与大家分享一下，希望能传达结晶出的愿景的特征。

[场景 1] 感知：直视自己的人生只为满足私利的自己

在培训的第二天，奥托博士的一句话让我产生了重大转变。他说："经过多次的深潜，你会有一种选择，那就是自己的人生是为了满足自己的私利还是用于服务社会。"这句话戳到了我的内心，我的身体一下僵住了。

把自己的一生用于满足自己的私利，说的就是我。我就是为了自己的成功来波士顿学习的。不仅是这次培训，以及自己人生的每个阶段，虽然讲起来都很辉煌，但实际上都是为了满足自己的私利而已。

我看到了为满足自己的私利，专门跑到波士顿，坐在会场中的自己和回到日本后为满足私利举办各种活动的渺小的我。这就是我通过别人的视角来看自己的状态。此时，我体验到了"感知"。

[场景 2] 自然流现：怀着"幽幽的心"，一个人度过独处时光

感知到自己的渺小后，接下来我几乎没听到奥托博士后面讲的话。那种心潮澎湃、无法表达的心情一直持续到第三天早上。在进行几个练习之后，有一段一个半小时不许和任何人说话，单独一个人度过的独处、静默的时间。

在这一个半小时里，有的出去散步，有的待在自己房间，而我就坐在宾馆大厅的大红色沙发上。宾馆位于波士顿市中心的一条河畔的旁边，透过大厅的窗户可以看到那条河。

当坐在沙发上发呆时，阳光从窗户透进来，我可以看到灰尘在飘舞。看到那些灰尘时，我突然说道："这些灰尘，本质上和我是一样的。"当我说出这句话时，不禁落泪，胸口阵阵发热。我不知道自己怎么会说这句话，也不知道到底发生了什么变化，但是自己内心那种幽幽的感觉得到了释放，感觉自己的身体正在发生变化。

［场景3］结晶：通过感知，澄清愿景和意图

独处、静默结束后，大家回到会场，进行保持沉默的具体化活动。奥托博士的引导语，是一种让画面延伸的结晶化手法。

坐在椅子上，闭上眼睛，深呼吸，保持轻松的状态。根据奥托博士的引导，先想象自己站在一扇门前。一边感觉那扇门的质感，一边敲门，并试着打开门。门被打开后，呈现在我面前的是黑夜中的日式墓地，门前铺着石板路，深夜中有几个墓碑竖在其中，一幅凄凉的风景。奥托博士引导我们，沉浸在那种氛围中，让自己进入里面。我从椅子上站起来，朝着那幅风景一步步走过去。沿着石板路，总算到了墓碑前。奥托博士又说道，想象一下那里有个箱子，打开箱子，读出箱子里纸条上的话。我打开箱子，看到纸条上写着："去死吧！"那是我结晶化后的一句话。

［场景4］塑造原型：具化明确的愿景和意图

我把通过结晶得到的"去死吧"这句话的意思解释为，希望结束把人生用于满足自己私利的做法，而应该服务于社会。那是第三天下午的事了。余下的半天是继续探索下一步该怎么走。我所想到的是把《U型理论》翻译成日语，在日本建立一个奥托博士为创始者的自然流现研究院的分部。

对于这个想法，我马上和一起参加培训的工作伙伴商量了起来。课程结束的时候，80多名学员围成一圈，每人一句话说出这四天的感想。

我这样说道："在这之前，我的人生只为了我的私利而活。我今天宣告那种方式结束了，我将把我的余生奉献给日本社会。我会翻译《U 型理论》并且在日本推广，在日本成立自然流现研究院。"

在宣告之前，我感觉脚在发抖，发言时不知为什么流下了眼泪。在我左边的白人女士紧紧地握住了我的手。宣告结束时，我的脚也不抖了，心中只有强烈的意志。奥托博士面带微笑拍着我的肩膀，鼓励和支持我这个想法。

在参加这个工作坊之前，我没有翻译《U 型理论》的想法。回到日本之后，我很难找到出版 600 多页学术书籍的出版社。在我走投无路时，英治出版社的原田英治社长以及其他很多人帮助了我。经过两年多的努力，这本书终于出版了。后来，我们还成立了由同译者佐美加子为代表理事、我为理事的一般社团法人自然流现研究院日本社区，至今还在为大家服务。

5.　点终于连成线——史蒂夫·乔布斯的演讲

以上介绍的故事是我个人的体验。从痛感自己的人生只满足自己的私利，在独处、静默的过程中发现"自己和灰尘本质上是一样的"之后，放下被囚禁的渺小的自己，达到"自然流现"的状态，这个过程中所发生的微小的变化，之后，结晶出的"去死吧"这句话让我开启了新的旅程。

如果没有这次体验，恐怕我现在还没有在日本推行"U 型理论"，也没有执笔写下这本书。可以说，那是过去经验中没有的未来的自己和开始明白自己应该做的事的瞬间。

结晶是放下后连接源头，对从自然流现状态中显现的未来可能性给予生命的过程。

结晶发生的时候，只是很模糊的感觉，很多当事人也不清楚它到底意味着什么。但是，接下去的"塑造原型"会显现出来。这个过程也是连续不断试验的过程，有时看上去很不稳定，甚至会徘徊不前。

苹果公司已故 CEO 史蒂夫·乔布斯在斯坦福大学的毕业典礼上的演讲，也展现了这个不断试验的过程的本质。

预测未来，无法将点与点连接起来。只是在事后回顾的时候，感觉到点和点已经连接起来。正因为如此，我们必须确信那个点在将来一定会以某种形式连接起来。可能是自己的本性、命运、人生、灵魂等，不管是什么，总之要相信它。点和点在自己的人生路上一定会连成一体。通过这样的确信，即使走上了与众不同的道路，你们也能够充满自信，初心不改地生活下去。这个人生会带来不同。（中略）不要让他人的杂音，掩盖了我们内心的声音，最重要的是，保持遵从自己的内心和直觉的勇气。内心和直觉已经知道为什么我们要成为那样的自己，其他所有一切都是次要的。

结晶出来的愿景和意图，通过内心和直觉，将没有任何依据的确信带到身体中。可是，正是因为没有任何依据，就像史蒂夫·乔布斯所说的那样，很容易被其他人的意见左右，从而导致放弃。

即便如此，如果仍然按照结晶出来的愿景和意图继续下去的话，孤立的点就会连成线。从这个意义上说，**U 的过程可以说是面向未来，将孤立的点拉到一起，将它们连接起来的过程。**

活动 6：塑造原型 3.7

1. 愿景和意图具化的过程

第六个活动"塑造原型"和"结晶"一样，是 U 型过程右侧上升的一部分（见图 3-14）。

到现在为止介绍的七个活动中，前四个活动主要着眼于行动源头的转换，第五个活动"结晶"则处于正在生成的未来感知的阶段。这五个活动都属于意识状态及感知，没有着眼于行动。

与此相对应的是，塑造原型是一个反复试错、生成结果的过程。为了提高结果的质量，塑造原型着眼的是"行动"。不过，这并不是说闷着头反复试错就可以了，而是需要"不断连接存在于自身深处的直觉和强大的意志，并不断地倾听和反馈"，同时要求能够"对整体进行理解，在确立计划之前，付诸行动，调动大脑、心灵和双手的智慧"。

也就是说，**塑造原型与感知、自然流现是不可分割的，只有通过这个过程与产生的源头相连接才能完成。**

这可能有点不好理解，但是，所有创造出划时代的产品及服务的人，都认为那些创意是在捕捉到了闪现的灵感，然后充满激情地进行多次试验后才得出的。

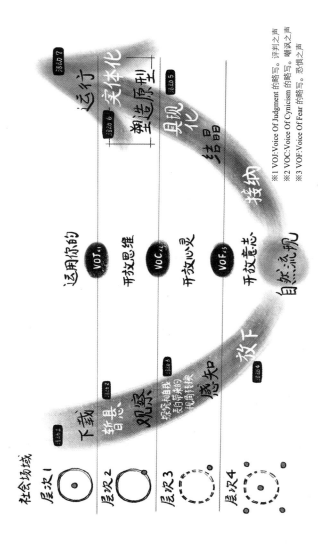

图 3-14 U型理论的七个活动（塑造原型）

※1 VOJ:Voice Of Judgment 的略写。评判之声
※2 VOC:Voice of Cynicism 的略写。嘲讽之声
※3 VOF:Voice Of Fear 的略写。恐惧之声

通常人们认为，只要能够复制成功的"做法"，就会取得成就，但忽略了最重要的一点，即不是仅仅通过多次试验就可以做到的。**闪现的灵感、激情、反复试验，这些因素都是相互作用、不可分割的。**

近年来，提倡"创新""变革"的企业似乎并不少见，专门设有变革推进部门的企业都在有计划地推进创新，它们在"做法"上不断优化、完善，然后进行推广。当然，使"做法"不断完善固然很重要，但是应该知道"做法"并不是引起创新的核心要素。

人们在着手做某事的时候，首先想到的是必须先知道"做法"。如果这样的话，是不会发生真正的创新的。关于这一点有个说法，**即创造过程即学习过程，最开始的时候我们知道的是关于成功的必要条件的假设，但它也只是一个假设而已。**

罗伯特·弗里茨用"创造和调整"来表现创造过程的本质。真正要开始全新的事情，首先要试着做，然后在做的过程中不断调整，否则就没法学会。

塑造原型的过程，是通过无数次重复小"U"（感知和行动），提升意识、快速行动、转化愿景的过程。有人说"塑造原型是不断重复"，布赖恩·阿瑟则说"顺其自然，快速行动"。这个创造过程，有时只需要几小时，有时却需要好几年。

一边重复小"U"，一边推进塑造原型，才能维持与源头的连接并产生闪现的灵感、兴奋、试错摸索的良性循环。

另外，因为塑造原型与行动相关，所以为了行之有效，大家希望能有像操作手册之类的东西作为指引。然而，只有闪现的灵感和兴奋的心情，才能带来高质量的反复试验。所以，并没有什么"按照这样的顺序做，塑造原型就一定顺利完成"这类指引。在创新性的、划时代的产物出现之前，是连续的小"U"过程。换句话说，在结晶到运行的所有时间里，就是一边重复着小"U"，一边不断前行，即塑造原型"期间"。

奥托博士在《U 型理论》中介绍了塑造原型"期间"的心得、观点以及提高塑造原型品质的方法，但是没有提及关于什么时候结束、怎么结束，以什么的产生预示着终点。

奥托博士对有关塑造原型的"期间"，是这样描述的：这是基于"未来"展开的，也就是说，觉察到了这种感觉，觉察受到了感召，并融入了那个空间，从当下这个瞬间开始行动，使生成的新事物实现结晶，为新事物塑造原型，这个转变为现实的时间可能是几年。重要的一点是，虽然花了几年还没有结果，也不要责备自己。只有一件事是最重要的，即从每一个瞬间开始行动，也就是说，只要关注"现在"做什么就可以了。

不要执念于自己当初的想法，或许当初的想法只是提示自己启动而已。必须不断学习，在所有的相互作用中反复斟酌磨炼。

这样看来，塑造原型似乎只是进行重复试验的阶段而已。但是，U 型理论的塑造原型踏入了过往的商业技术及方法论无法涉足的领域，正是这个独特性说明了 U 型理论为什么是创新理论。

这个独特性是：

- 连接到"正在生成的未来"，并使之成型。
- 调动"头脑、心灵、双手"的智慧，并将它们统合起来。
- 与宇宙对话，将点与点连接起来。

这些描述的意思，仅从字面上可能难以理解。它们的含义在下面的章节中会加以解释，这里关注的是它们与以往项目的不同。

在着手某个新项目时，组织的规模越大，一般越倾向于预先制定目的和目标，确定恰当的手段，然后才开始实施。当项目的目的、目标和手段可以事先设定时，这种形式就可以充分发挥效果。但是，当不得不在手段只是基于假设的情况下开始项目的时候，我们就只能通过试错来摸索前行。在这种情况下，通常的顺序是，为了检验作为假设的手段的恰当性，我们会在一定的时间范围内试行小规模的试点项目，根据其结果判断接下来该怎么做。

U 型理论的塑造原型虽然在试错上与此相似，但是在顺序上是不同的。它一定是在 U 的过程中，也就是说，到达自然流现，将结晶出的愿景和意图具体化的一连串的过程中进行的，这一点非常重要。简单来说，将在解决问题的思考过程中得到的灵感具体化的过程就是塑造原型。因此，它与为达成目的、目标的手段是否有效的小规模的试点项目，具有本质上的区别。

关于这一点，奥托博士指出："小规模的试点项目必须成功，而塑造原型的目的在于学习的最大化。"

前面所说的三个独特性（连接到"正在生成的未来"，并使之成型；调动"头脑、心灵、双手"的智慧，并将它们统合起来；与宇宙对话，将点与点连接起来）是对结晶出的愿景或意图进行最大化的学习并使其具化的要素。

2. 凭直觉转变方向是创新的第一步

U 型理论着眼的是创新过程，不是刻板的顺序和方法论，更接近于艺术家的作品创作。奥托博士在《U 型理论》中是这样描述的：

新的事物，首先作为一种感觉出现，然后作为被领引到什么地方去的模糊的知觉出现。这与其说是一种"为什么"的知觉，不如说是一种"是什么"的知觉。只有当你实际运用双手和心灵的智慧之后，大脑才开始明

白为什么。基于过去的模式开始行动时，在事情发生之前就已经知道"为什么"了。这意味着，我们先用大脑进行思考，大脑会告诉我们遵循已经建立的规矩。

我把这种不是根据"为什么"，而是"是什么"的感知采取行动，归纳为**"凭直觉改变方向"**。那是一种深潜到 U 的底部，进入自然流现的状态，感知到未来的愿景和意图。虽然无法用语言表达清楚，但能感觉这件事情必须去做，而且是有意义和价值的。

这种"总觉得"感觉必须去做的事情，经由"双手来呈现"的方式表达出来，然后得到周围的反馈，并不断与宇宙对话，从而提高多次试验的品质。

图 3-15 是奥托博士在我们全球座谈会第二天塑造原型时制作的作品。第一天和第二天的上午是潜入 U 型底部的过程，到达结晶状态后，下午马上就开始用"自由组合"的形式组织活动，自由选择伙伴成为一组。新的小组成员经过短时间的对话，马上剪纸粘贴，将从对话中感觉到的事情表达出来。类似这种照片的作品制作出来之后，小组间互相反馈，根据反馈信息制作各小组的行动计划。

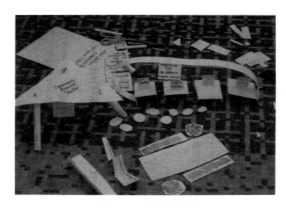

图 3-15　作品示例

这种隐隐感觉到的事情（心灵的智慧）任由双手的摆弄（双手的智慧），从周围得到反馈（头脑的智慧），这一系列组合是运用"头脑的智慧""心灵的智慧""双手的智慧"进行的综合。

此外，这个过程经过了多次小"U"的过程，在"心灵的智慧"变得敏锐的同时，也会提高与"正在生成的未来"的连接并成功塑造原型的概率。

3. 创造出划时代的"购物车"

关于塑造原型的具体实践方法，我们介绍产品设计专业公司 IDEO 公司的方法。在奥托博士创立的自然流现研究院的成员中，有一部分是 IDEO 公司的高级职员，因此 IDEO 公司所采用的方法自然被纳入 U 型理论中。

在奥托博士的 U 型理论讲座中，塑造原型的事例，使用的是 ABC 新闻中介绍的 IDEO 公司是如何具体应用的视频。观看动画可以更直观地感受其氛围。这里简单介绍下概要。

这个短片名字为"五天制作新的购物车"。斯坦福大学的工程师和哈佛大学的 MBA 专家、语言学家、营销专家、心理学家、生物学家等各行业的专家进行实地考察，开展头脑风暴，收集各种想法，进行购物车的原型构思。

步骤 1 共享课题信息

共享已掌握的有关购物车的课题信息，其中包括现在的购物车使用中有什么问题、遇到了哪种事故、发生的频率等信息。

步骤 2 分成小组，亲临观察现场

将所有专家分成几个小组，分别派往使用购物车的现场。访谈对象除了客户，还包括整理购物车的工作人员。把购物车在使用时的样子拍下来，

以便更彻底地观察。重要的是，各个行业的专家不能凭想象和假设去解决问题。他们必须亲临现场，用自己的眼睛看，耳朵听，双手摸来收集信息。

步骤3 共享观察

专家把现场拍的照片贴在墙上，一边看，一边描述在现场的感受。在共享收集到的信息后，专家提出新的观点，将自己观察到的现象给予全新的诠释。

步骤4 由头脑风暴得出新的想法

专家画出新的购物车的设计稿，并贴在墙上。这时遵循的原则是不允许批判，只关注数量。把认为好的地方写在便笺纸上或贴在设计图上，把希望改进的地方也写在便笺纸上或贴在设计图上。不断重复以上步骤，想法就会不断生成、叠加。

步骤5 制作试样品

将所有专家分成几个小组，让他们根据塑造原型得出的各种想法制作试样品（打样）。大家动手切管子、焊接，制作能马上用手触碰的真实的东西。

在视频中，在购物车上安装了条形码扫描仪，目的是想客户自己就能扫描商品。在这个步骤中，用各种实物展示想法的方式可以让大家都参与。用淋浴喷头取代麦克风，用一个洋娃娃代表小孩坐在里面。总之，所有的一切都是为了帮助大家想象，刺激大家好玩的天性。

步骤6 反复试验接受反馈，最后完成作品

试样品做好后要接受反馈，再进行制作。经过几次的重复，不断更新，最终完成作品。

经过以上步骤完成的购物车就是大家最常见的不锈钢材料的，也有篮子放在上面，同时装载了条形码扫描仪。

塑造原型的着眼点是：**项目管理者不提供指令，经过一系列引导，以及为了避免具有不同经验的专家"先入为主"的想法，鼓励通过一起用眼睛看、一起触摸同样的东西的方式跨越社会复杂性。**

你或许已经看出这个塑造原型的过程就是 U 型理论的实践过程。在步骤 1 中，将已经知道的信息全部说出来，是从"下载"状态进入"观察"状态的准备。在步骤 2 中，用自己的眼睛看和访谈的方式，可以颠覆先前的固有观念，进入观察状态。在步骤 3 中，共享从各自视角看到的信息，并予以新的含义。也就是说，从各种不同立场的视角看购物车的现状而进入"感知"状态。

这里没有介绍"自然流现"部分。其实，当大家在休息、外出、洗浴甚至睡觉时，可能会放下对购物车的思考，也就是说，放下自己执着的想法或主意，到达自然流现状态的可能性也是非常大的。

步骤 4 是用绘画表现出每个人自己的正在出现的想法，促进结晶。步骤 5 就是塑造原型。

视频里没有收录，现场观察后在回家的路上以及与学员聊天的时候，是不是也经过了一次小"U"的深潜呢？在先前购物车项目刚成立时，在几次小"U"潜入之后，在某个节点（"购物车改装"）的想法得以结晶，经历了步骤 1~6 的过程。

通过看这个视频，可以感受到重复小"U"的过程，即连接到正在生成的未来，并调动头脑、心灵、双手三种智慧进行整合。

通过以上事例，有些人可能认为塑造原型只适用于产品开发领域。其实并不是这样的。在开始新规划时，特别是在三种复杂性（动态复杂性、社会复杂性、新兴复杂性）很高的时候，塑造原型是很有效的。

U 型理论实践者亚当·卡汉在印度引导的"未来项目"，在面对高复杂性问题时，也是根据塑造原型的步骤进行的。

这个项目是为了解决隐藏在印度令人炫目的经济高速发展的背后，还有 47% 的孩子达不到标准体重、陷于营养失调境地的问题，政府相关部门、NPO、NGO、企业等利益相关者共 97 人聚集一起，共同合作而开展的。专家的背景不同，可以提供各种专业知识和见解，这是有利的一面。但是，由于社会复杂性高，大家难以达成一致意见。在这样的状况下，依靠语言进行交流要么效率低，要么可能产生对立。

4. "偶然的一致"是创新的一部分

前面介绍的塑造原型的三个独特性中最难理解的是"与宇宙对话，将点与点连接起来"。关于这一点，《U 型理论》中引用了《快公司》杂志共同创刊人艾伦·韦伯的话：

宇宙是个非常乐于助人的地方。只要对自己的想法打开心扉，宇宙就会向你伸出援手。宇宙乐于教给你改善想法的方法。但是，宇宙的建议中有些也是非常糟糕的。这就需要我们仔细倾听宇宙的声音，并区分哪些是有益的、哪些是无益的。千万不要关上心门，并对自己说："这个想法我已经深思熟虑了，如果还是不能顺利实施的话，这件事情本身就不值得去做。"但是，如果对于各种声音不加区分地全部倾听，你也会疯掉的。

在 U 型理论中，强调称为同时性原理的偶然一致性，这在 *Presence* 一书中也有提及。偶然一致性对于目的的结晶化和塑造原型是很重要的一点，但很少被人们所提及。

当与深层次的源头连接时，很多人都会有惊人的偶然一致性体会。卡尔·荣格在他的代表作《同时性原理——超越因果关系》中说，同时性原理是"两种以上的事件以某种有意义的偶然性同时发生，这与概率以外的什么东西相关"。同时性原理让人感觉是与故意和偶然、计划和运气、因果关系和超因果关系相反的东西等连接着。

英特尔的大卫·莫尼对约瑟夫说："同时性原理是对准备发生的事情打开心灵。"同时性原理是无法控制的，但也并非无规律。实际上，U 型理论最大的成果之一就是同时性原理以可信赖的形式起作用。

艾伦·韦伯说"宇宙是亲切的场所"，塔拉（Poseri）说"宇宙拯救了我"，讲的也是这个意思。

重视逻辑性推理和科学的人来说，不太容易接受这种神秘主义的说法。我自己也是。在这个一直被灌输"比客户分析更具有科学性、逻辑性，才能显示咨询师的价值"的咨询时代，人们非但不能接受这种不科学的说法，甚至会产生厌恶和蔑视。

但是，我从第一家公司辞职开始转型，经过几次深潜 U 的底部，简直像必然的结果一样，几次经历了偶然一致性。我现在觉得同时性原理在我们的日常生活中随处可见。

更让人惊讶的是，越像经营者或者创变者，希望能在没有答案的问题中找出答案的人，越会更多地运用同时性原理。他们会说，在某个想法或灵感产生时，几次都感觉到某种支持自己的东西。

一家上市公司的经营者，在开创事业的父亲突然去世后，作为继承者接手了公司。在他很小的时候，父亲就跟他说："祈祷、祈祷，祈祷后，就不会失败。"儿子听了父亲的话，也养成了每天祈祷后再睡觉的习惯。有趣的是，他和父亲都不信宗教，不崇拜神佛，但还是非常重视祈祷。事实也是，好几次不能不说是偶然的事情让他化险为夷。

在听了各种故事再结合自己的体验之后，我把同时性原理带到了日常生活中。我发现自己想见面的人会突然在街头偶遇。在苦于找不出答案、闷闷不乐中无意间看到电车扶手上的广告语，正是自己最需要的文字。就在前几天，自己的新项目企划案刚浮出水面，由于存在各种风险，我一边走向站台一边思考："可以实施吗？代价是不是太大了？"抬眼看到走在我前面的金发年轻女郎穿着的 T 恤衫后面印着"为什么这么严肃呢"，我忍不住笑了起来。在那个时刻，我重整了自己的心态，做好了迎接新项目的心理准备。

虽然对同时性原理的信赖程度因个体而不同，但我把它当作"感知的天线"，关注自己身边发生的事情。奥托博士用"聆听宇宙的声音"表述，那是更加进化的，身边发生的所有事物犹如舞动般置身于偶然性当中，让人感觉到这个过程本身就是非常有趣的经历。

就是因为给予了过去头脑中没有的想法或灵感，才会产生"似有似无"的创新。**特别是在三种复杂性（动态复杂性、社会复杂性、新兴复杂性）很高的状况下，很多事情都是怎么考虑都没办法解决。陷在这种死胡同里的时候，同时性原理的这种偶然的引导成为突破点的可能性极大。**

不要认为同时性原理是神秘的、非科学的，就排斥它，而把它作为寻找为数不多的突破口线索的方法，应该是一个不错的主意。

3.8 活动7：运行

1. 不厌其烦始终唱同一首歌的一流歌手的实践

七个活动的最后一个是"运行"，参照图 3-16。

运行的英文是 Performing。Perform 在词典里有两种意思："1. 表演（戏剧等），演奏（乐器）。2. 做，行动，完成，举行（仪式）等。"（在 *Progressive* 英中辞典中有记录。）

在翻译《U 型理论》时，我纠结过用什么词比较合适。实际上，那些从正在生成的未来产生的灵感，通过塑造原型而取得成就的人，并非预先计划好事情，而是像演奏乐器一般即兴表演，因此"运行"更加适合，所以用了这个词。

为了避免"运行"使我们受到熟知的 PDCA 循环及改善活动的影响（根据我们日常生活的过程，二者容易混淆），对于这个活动，奥托博士的解释也有很多抽象的部分，我感觉"好像理解了，好像又没理解"。

假如用录像机拍摄实践 U 型理论的七个活动，对前六个活动或许还能感觉到它们的特征。但是，对"运行"活动，不管是工作、戏剧或演奏、运动、家务，我们恐怕只能看见在做什么，很难看出它的特征。

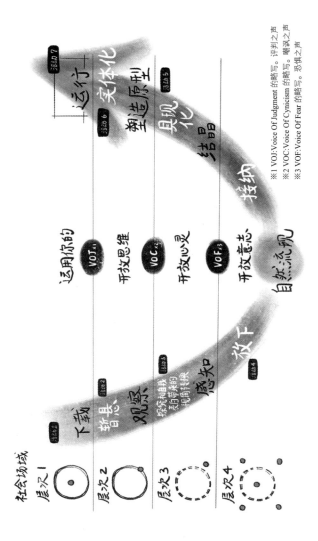

图 3-16 U 型理论的七个活动（运行）

※1 VOJ:Voice Of Judgment 的略写。评判之声
※2 VOC:Voice Of Cynicism 的略写。嘲讽之声
※3 VOF:Voice Of Fear 的略写。恐惧之声

就好像我们在观看花样滑冰比赛的现场转播时，只能看到当天选手的状态好与不好，技能比起其他选手高或低。但是对于正在"运行"的选手本人来说，每次的演技都是不同的，每一刻自己内心的变化以及周围的状况在每个瞬间都是不同的。每次的变化都是用语言无法表达的全新的感觉。

之前，一家社区的学习会邀请我给大家介绍 U 型理论。一位参会人员讲了一件很有趣的事。他是一家公司的老板，在一次经营者的聚会上，遇见了歌手石川小百合女士。她也经营一家公司，是以公司老板的身份参加聚会的。

或许所有人都想问石川小百合女士一个问题，但是这个问题实在难以启齿。在这次聚会上竟然有人问了这个敏感问题："唱了这么久《津轻海峡·冬景色》，你不觉得厌倦吗？"石川小百合女士的回答非常出彩。

她表现出很吃惊的样子，然后说："厌倦吗？从来没有！每次唱这首歌时，我看到的景色都是不一样的。如果我开始厌倦了，那应该是我隐退的时候了。"

我当时不禁有感动得想拍手叫好的冲动，那不正是超一流的回答嘛！在我们外人看来，她似乎几十年都在唱同一首歌。对她来说，每次唱这首歌不但是新的，而且眼前浮现的景致也完全不一样。

石川小百合女士的话正体现了运行的本质。《津轻海峡·冬景色》发行于 1977 年，这首歌一定是经过了深潜，连接到了源头，再经过结晶、塑造原型后完成的作品。

石川小百合女士在接受采访时也说："在《津轻海峡·冬景色》之前发行了 14 首单曲，经历了不断反复创作后才最终邂逅了这首歌。100 万张的单曲销量在歌坛可能并不稀罕，但是做到持续近 40 年都能得到大众的喜爱是极少见的。其中的原因除了作品本身是高质量的之外，还可以说，歌手石川小百合女士的"运行"上的超群的质的不同，带来了结果的全然不同。

2. 革新的原石，需要在现实中打磨

奥托博士准备把一般人不太明白的"似是而非"的东西在运行中展现出来。为了不引起误解，我们可以这么说：如果不能理解"运行"的本质并且把它展现出来，或许也可以说就没有实现"运行"，也没有理解它。

为了描述"运行"的意思，奥托博士在《U 型理论》中是这么介绍的：

想一想舞台剧或许有帮助。如果曾经有幸观看过排练现场，你就知道演员是如何彼此取长补短并通过导演的指导从而不断优化演出水平的，"这里需要加一点东西，那里需要去一点东西"。剧院是一个鲜活的场域，沉着、明亮而精美。只有经过多次排练，大幕才会拉起。之后，剧作还会借助观众的能量或互动参与而继续优化。"运行"意味着我们的行为来源于一个我们与观众以及周围场所的深层连接而生成的宏大的场域中。

截至塑造原型之前的阶段，活动都是在练习场或者实验室这样的场所，或者在某个特定的项目中进行的。与此相对应的是，在公开场合所展开的，被应用到正式舞台或者参与者、公众一般的日常中的阶段才是"运行"。这不仅是向世间提供什么创新的"东西"就行了，而是着眼于向世间提供的创新的过程的"质"。

如同石川小百合这种超一流歌手，如果没有到达"运行"状态，《津轻海峡·冬景色》不会受到人们近 40 年的喜爱；《狮子王》音乐剧的诞生，如果没有剧团演员每次表演时的"运行"，也无法完成长期公演。另外，即使想象出 Mac、iPod、iPhone 这些新的革新产品，但是如果它们的生产、流通过程是"死的"，它们现在也不会这么普及。

根据以上所述，似乎"运行"是和演艺界、运动界有关，只停留在个人技巧方面。而 U 型理论对组织和社区同样适用。

奥托博士对 U 型理论的一系列过程并不像工程学那样机械地采纳，而是把它当作生态系统进化的过程。从正在生成的未来出现的进化种子犹如从沉睡的大地上萌芽，有的会长成大树，有的就此枯竭不再生长——这些都是在用生命表现人类社会的现象。"运行"的过程揭示了塑造原型出现的萌芽，与其他动植物等周边环境的相互作用的过程中，要想成为根基稳固的大树，就需要着眼于原则。

现在我们来探讨成功组织和社团的"运行"原则。

3. 生态系统的"运行"原则

"运行"原则就像图 3-17，向横向（跨越"边界"的大范围合作）和纵向（日常不断与源头相连接）展开。

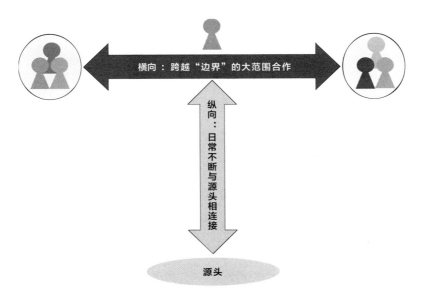

图 3-17　横向和纵向展开的"运行"原则

① 横向：跨越"边界"的大范围合作

商品开发、公司的变革项目、为改善业务实行的系统导入、社区活动、社会变革活动等一系列活动，在经过结晶、塑造原型后产生的革新创意，往往不仅没有得到组织或社区的重视，反而被无视、轻视甚至置之不理。对"置之不理"这种情况，如果没有特别的权力纠纷，一般不会是恶意的搁置，很多都是"无恶意"的置之不理。

我讲过很多这种情况：一旦有人根据新的主意行动起来，不知不觉中周围的人就进入了"旁观者模式"或者"评论者模式"。"旁观者模式"的人认为，"我不知道新的主意的意图是什么，提出自己的想法反而给对方造成困扰"，这是一种将回避正当化的消极姿态。而"评论者模式"的人则认为，"我没有分担业务的能力，不过既然提出了新的主意，就需要在改进的地方出出主意吧"，这是一种没有参与承诺的姿态。

周围人的态度，往往使决定创新的人有一种孤立感，从而放弃所做的努力，或者把对方看作抵抗力量，并与之对抗。

经过几次反复，人们就会产生**"在我们公司谁做谁倒霉"的共识，逐渐形成隔岸观火的风气。接着，做任何事情的时候，如果没有合理的说明或强硬的指令（如果没有强硬的指示命令系统，就必须有合理的说明），谁都不会主动自愿去做。这将造成大企业病的蔓延。**

具有活力的组织，既重视逻辑性和合理性，又注重助人为乐的精神。从前有一家客户企业，为获得员工对企业新的发展方向的认同感，社长召开了一个讲述自己的前半生和今后对事业想法的感悟会，并请我帮忙。

公司大约有 50 位部长级员工。在社长开始讲自己的故事之前，大家都不停地提问："为什么要这么做？做这个有什么意义？"提问中，一位部长开口道："先开始吧！"社长的感悟会由此正式开始。结束后，各位部长觉得终于明白社长的想法了，这个会议开得很值得。会后问卷反馈的内容更让人惊讶。有几个人写着："社长对公司发展方向的改变或许有很多不安，我们会跟着你走，完全支持你。请放心吧！"

在一般的公司里，部门之间会有壁垒，上下级关系也很分明，而这家公司的上下关系就没有那么分明，但我还是对部长对社长的"我们支持你"的宣言感到非常惊讶。我读着问卷反馈，觉得能够这么写的部长都非常优秀，能够建立这种关系的社长更加让人敬佩。

跨越"边界"互相支持的状态，已经超过了逻辑，很容易理解人类为什么贡献自己生命所持有的能量，这些能量能培养组织能力，即每天的实践能力。"助人一臂之力"的文化不是一两天就能形成的，日常的积累非常重要。与利益相关者经常一起探讨"我们是谁、我们能做什么"的问题，自始至终持续有规律地行动，最终一定会获得成功。

户外用品公司巴塔哥尼亚公司，是一家靠理念经营出名的公司。使命不用说，核心价值观的实践也非常重要。

核心价值观中的一项是"诚实"，就是要对客户、供应链、同事、地球环境等所有的人和事都"以诚相待"。我和其中几位员工有过接触，在他们每个人身上都能感受到诚信的状态。我去他们公司时，也从没有过因为是外人而被敷衍招待过。

"环保主义"也是巴塔哥尼亚公司的核心价值观之一。对于这个核心价值观，不仅员工有同感，客户也有同感。我能感受到大家对公司的感情。巴塔哥尼亚公司的优势在于，它不仅在公司内部，在公司外部也建立了"助人一臂之力"的信仰。

② 纵向：日常不断与源头相连接

从开展革新的角度来看，横向跨越的原则似乎是理所当然的，而纵向连接的原则，也是 U 型理论独有的。就因为纵向连接的原则，U 型理论横向跨越的原则也有了独特性。纵向连接的原则就像棒球选手一郎每次击打都能达到最佳状态一样，这是因为在日常生活中都做好了充分准备。

也就是说，U 型过程的精髓在于，从结晶出意图到塑造原型阶段不是一蹴而就的，是不断重复的。奥托博士认为："重要的是，U 的过程不是一次，如果每天都能进行是最好的。如果能养成在早晨集合全部团队成员（条件允许的话争取安排一些有意识的静默时间），分享前一个晚上自己所想的事情，确认、修正今天要做的事情的习惯是最好的。"

养成潜入 U 型底部，到达自然流现，不断与源头连接的习惯之后，即使在横向协作时也不会陷入下载状态，能够在对话中看见未来，彼此互相扶持，一定会推进事情的进展。

彼得·圣吉说，"创造"和"处理问题"之间的根本区别其实很简单。处理问题时，我们会有意去除"不希望的事情"。创造时，我们会让"真正重要的事情"存在下来。这就是两者的根本区别。

对于"真正重要的事情"，如果只是把它当作理念高高挂起，那还不能说它存在着。有关这一部分，在第 6 章会再次详细介绍。这里要强调的是，**经过多次深潜 U 的底部，到达自然流现状态，结晶后会明白"真正重要的事情"是什么。**

在 U 型理论中，横向跨越和纵向连接的原则是交替进行的。开展"运行"，不是单纯的"执行"或者"实施"。U 型理论使得如同弦乐演奏那般动感协调的变革成为可能。

我们介绍了 U 型理论的七个活动。这个过程说的是我们看不到的内在状态，和以往的工程学比较起来似乎不太容易理解。但是，它照亮了以往仅凭分析成功案例无法看清的领域，我坚信这是引导我们走向真正创新之路的路标。

第 4 章

U 型理论的实践：
个人篇

作为转变原理，能广泛应用的 U 型理论

4.1

U 型理论是一种通过转变引发创新的原理。因它是一种原理，故它具有广泛的应用范围。我们既可以将世界上的各种变革和创新方法运用于 U 型理论中，也可以将 U 型理论与其他方法和技巧相结合。

第 4 章到第 6 章将着重介绍 U 型理论的实践应用，包括个人、团队、组织三个层次的具体实践过程。本章介绍 U 型理论在个人层次上的运用，即把焦点放在我们自己身上。团队、组织这两个层次，因为是以他人和组织的相互作用为基础的，所以关注的是与利益相关者共同经历的 U 的过程。个人层次只关注自己一个人的 U 的过程。

在个人层次的转变方面，自古以来就有打坐冥想这类传统的修行方法和以戏剧训练为基础的手法。这里我们对在其他地方有机会学到的和需要很长时间才能体验并掌握的技法不再赘言。

我们介绍的方法不是体验深潜的自然流现，而是经过短时间训练就可以掌握并运用于实践中的方法。章节的顺序或许会让你感到有些困惑，但我们如此设计的目的是让你顺利到达"感知"状态，然后通过"自然流现"迎接正在生成的未来。

一个少年转变的故事

从曾经那么讨厌的父亲身上，看到了真正想成为的自己

为了便于大家形象地理解个人 U 的实践过程，在说明个人实践应用之前，我先讲一个小故事。

这是刊登在《刻在心里的故事（普及版第五集）》上的一篇"建筑工人父亲"的文章，由家住爱知县的一家便利店老板田财武南先生投稿，内容是一个高中校长讲述的发生在一个高中生（A 少年）和他的建筑工人父亲之间的故事。

A 少年是县立 M 高中的三年级学生。他的家庭是三口之家，成员包括他和父母。他的父亲是一名建筑工人。A 少年成绩优秀、受到老师的喜爱，在同学中威信也很高。在大家看来，他是一个一定能考进日本国立大学的好学生。

如此优秀的他却有一个烦恼，那就是父亲的职业是建筑工人。虽然在学校提交资料时，他在"父亲职业"一栏写的是公司职员，但实际上，他从孩童时期就对那些西装革履、衣着光鲜公司职员非常羡慕。因为自己的父亲其实是一个穿着沾满泥巴的安全鞋、绑着肥大绑腿工作服、在高空作业的建筑工人，这让他觉得很不体面，难以启齿。故事讲述的就是他如何解开这个烦恼的。

建筑工人父亲

（前略）

"我父亲的职业是一名高空作业的建筑工人……"文章的开头是这么写的。后面的内容大致是这样的：

父亲的工作是没有固定休息日的。除了下雨天，即便是周日和节假日，他都会穿着那套固定的工作服，开着那辆破旧的车子出去上班。

每天下班回来，他全身都沾满了泥土和灰尘。他一到家就在庭院里把衣服全部脱光，然后穿着裤衩去泡澡，这差不多成了我们家每天都要出现的场景。甚至我的同学在场的时候，他也若无其事，"哦"一声，算是打一个招呼，赤裸着身体直接去澡堂。我非常讨厌那时候父亲的样子，这让我感到羞愧难当。

"拜托！到浴室后再脱衣服不行吗？"每次我这么说他的时候，他总是嘴里连连道歉"哦，哦，不好意思"，可下次还是老样子。

我上小学的时候，到了星期天，邻居家的小朋友总是很开心地由父母带着去买东西、吃饭。那时的我站在大门口，美慕地目送他们走远，心想："如果我也有那样气派的父亲该有多好啊！"我越想越难过，好几次眼泪都流下来了。上中学以后，我已经习惯了自己的境遇，所以再没有任何奢望。

难得他休息的日子，父亲也是一大早就开始坐在电视机前，一边喝着烧酒，一边看电视。忙着打扫卫生的母亲一边用吸尘器赶着他，一边对着他吆喝："让开、让开，别妨碍我干活。怎么这么碍手碍脚！"

父亲也不还嘴，一手拿着烧酒瓶子转来转去，躲避着母亲的吸尘器。

"你也带着孩子出去玩玩，行吗？"当母亲这么埋怨父亲的时候，我会说："我还是一个人好了。"然后用轻蔑的眼光看着父亲。

父亲也会说："他跟我合不来，也不希望我带他出去。"

"你就是一个甩不掉的牛皮糖，简直就是个大垃圾。"母亲唠叨着。

"哈哈哈，原来如此，你可真会形容，哈哈哈。"父亲附和着，也不生气，只是笑。

这样的生活日复一日。母亲和我都认为像这样的父亲，有与没有都无关紧要。小学的时候，给我零花钱的是母亲，陪我买东西的是母亲，PTA聚会也是母亲。运动会、表彰会都是母亲一个人参加。在我的记忆里，父亲一次都没来过我们学校。

有一天，我有事去名古屋。到了那里，突然注意到一幢高楼的施工现场写着"某建筑公司"。这不是父亲所在的公司吗？这是父亲工作的地方。我无心停留，只是瞄了一眼，没想到这一眼让我大惊失色。

在八层楼最高处，我看到了身上绑着安全带拼命干活的父亲。我的身体立刻僵住了，不能动弹，待在原地。（那个酒鬼父亲，竟然在做那么危险的工作，稍有不慎就会危及生命。老婆和孩子还看不起他，把他当作大垃圾，他竟然毫无怨言，只是以傻笑回应的那个父亲……）我无地自容，身体都颤抖起来。

看上去只有米粒大小的父亲，瞬间让我感受到如此高大！

校长哽咽了一下，继续讲下去。

"我是用如此肮脏的内心看待自己的父亲，相信母亲也没有看到过父亲工作的样子。如果看到过一次，她应该说不出'甩不掉的牛皮糖'那种话的。"我不知不觉泪流满面。

拼命地、用自己的血汗钱养家糊口，没有一句怨言，只要一杯烧酒就满足的默默工作的父亲是多么伟大，更加让我感觉到只会发牢骚的母亲的心胸狭窄和渺小。

现在，我再次仔细打量比任何男人都更男人的父亲，决定将高大的父亲形象深深地印在脑海里，然后尊敬他。作为他的儿子，我感到非常自豪。

文章最后是这么收尾的：

"我以前的梦想是：拼命学习，进入一流学校，进入一流公司，节假日带着妻儿去一流餐厅。现在，我要彻底把这个梦想丢弃。今后，我要像父亲一样，用自己的汗水，在满是油污的环境中，靠自己的双手、自己的劳动生活，然后以默默的、低调不张扬的个性成为真正的男人。我也要延续父亲的脚步。"

（后略）

这是 A 少年和父亲之间情感纠葛的故事。这里着重要说的是，他和父亲并没有直接对话就经历了 U 的过程，结果，发现了"真正男人的活法"。我们通过这个故事，结合七个活动来介绍个人实践 U 的过程深潜时的要点。

［活动 1］下载：讨厌建筑工人的父亲，感到有这种父亲令人羞愧

A 少年感到自己有个建筑工人的父亲很羞愧。运动会和表彰会都不曾参加过的父亲，在与不在都无所谓。周日很羡慕同学的父母带着他们出门。

在下载状态时，我们只能看见自己想看见的，严厉地惩罚自己或他人；或者将其套用过去的经验"啊，这些我早就知道了"；要么以为"那是不可能的"，视若无睹。以上种种，我们称为"评判之声"。

U 型理论在付诸实践的过程中，首先遇到的敌人就是评判之声。在评判之声旋涡中，自己很难发现自己处于下载状态，也会抹杀与自己的经验不符的全部信息。而且仅仅片面收集与自己固有模式相符的信息。这个高中生的评判之声就是"我的父亲没什么本事，建筑工人是又脏又不体面的工作"。

文章中虽然没有提到，母亲应该并不总是侮辱父亲，有时也会说表扬、

感谢的话。就因为评判之声的作祟，让他没法注意到那些。为顺利到达层次2"观察"，要随时留意评判之声，也就是说，不急于下结论非常重要。

［活动2］观察：看到高空作业的父亲的身影

在建筑工地无意看到在八层楼工作的父亲的身影后，A少年深受触动。可以说在那个瞬间，他进入了"观察"状态。关注点是，虽然他知道父亲从事的是建筑工人的高空作业，但这是第一次自己亲眼看见这份工作实际上有多危险。清楚地表现出了下载状态和实际所见的区别。

从过去模式的意识转到看见眼前发生的事情，A少年产生了身体一下僵住了的感觉。从"感到羞愧"到"那个酒鬼父亲，竟然在做那么危险的工作，稍有不慎就会危及生命"，这是完全不同的。我们从描述中可以看出，A少年已经进入"开放的思维"状态。

［活动3］感知：站在父亲及他人的视角感知状况

这个故事从"观察"到"感知"的转换是瞬间完成的。有些转换可能是瞬间的，也有些需要几年才能转换成功。这个故事虽然转换时间很短，却鲜明地描述了如同脱掉自己的鞋子，穿上别人的鞋子一样，从用自己的视角看待父亲的状态，转换成用父亲和别人的视角看待的状态。

到"观察"为止，是看到自己预料之外的高空作业的父亲的身影后惊呆的状态。转换到"感知"状态时，感到"我是用多么肮脏的心灵看待自己的父亲"，从这里开始，就像从别人的视角看待自己一样，视线转到了自己。

如果在看到施工现场父亲的样子之前，A少年把对有这样的父亲感到羞愧的想法告诉其他大人，或许那些大人会劝他："你不应该这么说，建筑工人的工作是非常危险的。你不理解，是因为还太年轻。"这就是通过别人的视角看 A 少年的状态。就是因为懂得通过别人的视角看待自己了，所以才会产生"我是用多么肮脏的心灵看待自己的父亲"的想法。

不仅如此，"没有一句怨言，只要一杯烧酒就满足的默默工作的父亲是多么伟大"，虽然一直都明白是父亲在养家这一事实，但直到转换到"感知"状态，才能像自己的事情一样，深刻体会到父亲注视我的眼神和为了我默默工作的决心。

还有，"我不知不觉泪流满面"这句话，便是进入了"开放的心灵"状态。其实到"观察"为止，只是浮现出新的想法而已。进入"感知"状态之后，才进入了全新的感受。

那么，是什么使他进入"感知"状态呢？这篇文章里"我的身体颤抖起来"是进入"感知"状态的标志。我不知道身体颤抖的真正原因，或许是看见高空作业的父亲，感觉自己也站在高空。如果是自己站在高空，恐怕会腿脚发软，动弹不得。但是父亲坦然自若的样子，在此刻显得非常高大。

这是表 3-1 介绍的 B.2"追体验的实际感受"。看着父亲所处的状况，想起自己站在高空时的恐惧记忆，我对父亲的固有想法彻底崩塌了。

这个故事，是偶然产生的"追体验的实际感受"。如果发挥想象力，把自己置于那种状况下，也能转换至"感知"状态。

［活动 4~5］自然流现和结晶：放弃对"一流"的执着，生成新的梦想

这篇文章中，"自然流现"的瞬间没有明显地描述出来，但可以推测出转变契机。那是 A 少年对于以前执着梦想（拼命学习，进入一流大学，进入一流公司，节假日带着妻儿去一流餐厅是我一直的梦想。就在这一天，我彻底抛弃了这个梦想）的放下，并生成一个以前从未想过的新的梦想："今后，要像父亲一样，用自己的汗水，在满是油污的环境中，靠自己的双

手、自己的劳动生活，然后以默默的、低调不张扬的个性成为真正的男人，我也要延续父亲的脚步。"我们可以看出已经进入结晶状态。

对一直憧憬的"一流"的执着，看似简单地就放下了。其实从"感知"到"自然流现"的转换过程中，出现情感纠葛也是很正常的。

如同从"观察"到"感知"需要很长时间一样，"感知"到"自然流现"的转换也需要很长时间。重点是放下过去的执着，跨越纠葛后，用纯粹的热情回答"我是谁、我一生的工作是什么"，并将其作为愿景来完成结晶。

A 少年最终有没有成为建筑工人不得而知，但是我们可以说，在没有迎来这个转换点时，他是一定不会接受父亲，然后产生一种"子承父业"的想法的。因为面对过去从未有过的愿景，意味着将诞生全新的未来或机会。最终，他或许会成为建筑工人，或许会走其他道路。不管怎样，新的未来将会照亮他的道路，这就是 U 型理论想要表现的转变的本质。

[活动 6~7] 塑造原型和运行：新的探索和每天的实践

文章中没写 A 少年决定走父亲一样的道路后的生活。但重要的是，他的转变和决心通过这篇文章结晶了出来。因为这是未来的明确蓝图，也称塑造原型。从他通过发表这篇文章，让更多人知道，更多人受到影响这个意义上说，他点燃了各种创新可能性的火种。也可以认为，U 的过程让一些无名的领导成为社会变革的一部分。不说那么深远，他所在的学校老师读完这篇文章后，对待他的方式以及就业指导的内容都会因此而改变，很容易想象他会收到和之前的"拼命学习，进入一流大学，进入一流公司，节假日带妻儿去一流餐厅"不一样的信息。

如果要实际做到像拼命工作，以供养孩子的建筑工人父亲一样，还需要好多年。这期间的经历都会成为塑造原型，并在他心中血肉化，他的实践应该更加有成果。

与想着"我不想成为这样的人""不想做这种工作"，漫无目的地生活，把自己的工作当作任务般完成的人相比，有着"像父亲般生活是让我感到自豪的生活方式"想法的 A 少年，会是以"这才是我一生的工作、我的全部"的状态投入工作中去的人，体验到的充实感是与其他人完全不一样的，产生的效果也是完全不同的。

个人 U 型过程的实践重点 4.3

个人在实践 U 型过程时，不仅是对解决令人头痛的烦恼及纠葛、打开陷入死胡同的局面有效，对于新的企划、商品、服务等创造性活动也是很有效的。另外，对提升领导力，进行高质量的宣传、表演、演奏等活动，也能帮助你让周围的人感受到你强大的气场。

虽然这些看上去是完全不同的需求，但其实都有一个起关键作用的重点，即到达自然流现和源头相连接后，跨越了"小我"与"大我"转换，继而涌现出过去经验中从来没有过的灵感、创新、行动等。

源头和"大我"这两个不太容易理解的不可思议的存在，会在你找不到问题答案时让你峰回路转，想到以前从未想到过的方法，技能得到提升。这是奥托博士发现的 U 型理论的可能性。

各个活动的详细内容以及原则在第 3 章中已经介绍过。这里我们用图（见图 4-1）表示了个人从下载到自然流现的社会场域转换的重点，它可以作为指导路线使用。

层次的转换	障碍	转换重点	实践方法（例）
转换至"观察" 层次1⇒2 	评判之声	为跳出反应思考的状态，注意以下三项： ·观察：注意到解释，观察现实 ·发泄：把评判之声全部发泄出来 ·暂悬：在得到新的发现或启念之前，保持那种不舒适感	□ 冥想：调整观看待的状态，运用坐禅等方式语养客观看待的能力 □ 文字表达：将头脑中的杂念或启念之声完全用文字表现出来 □ 制作模型图：制作模型图，以及根据造型用文字表达，进行思考整理的可视化
转换至"感知" 层次2⇒3 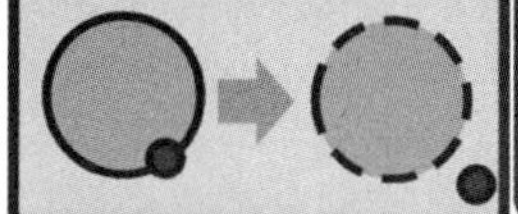	嘲讽之声	通过内省、视角转换，引入新的视角 ·观点、视角的转换：从他人的立场或视角看自己 ·心智模式（意识/无意识的前提）的意识，无意识前提观念的意识 ·连接（系统）的探究：探究现状是由于怎样的因果关系的连接而产生的	□ 故事、访问：访问和自己不同立场的人，他们过去的经验和体验 □ 模拟体验/实地体验：将自己设定在特定状况、真实体验 □ 使用系统思考的内省：将系统思考用模型图表示的同时进行内省，促进心智模式的发现
转换至"自然流现" 层次3⇒4 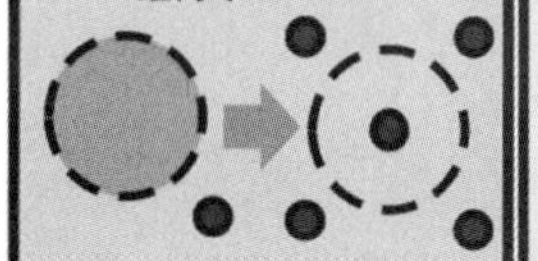	恐惧之声	通过退路的切断、完全的自我接纳、静默时间，放下固有的个体同一性的执着： ·退路的切断：对于不理想的结论，毅然选择完全放回有观念 ·完全的自我接纳：不管发生什么，现在的自己就是最好 ·静默时间：从事件中抽离出来，给自己静默时间，忘记或观望一直以来的想法等	□ 暗下决心的选择和宣言：选择能够承担各种可能发生的不理想结果，对这个选择进行宣誓会更有效 □ 接纳现实的自我宣言：体验真实的自己被周围的人所接受的感受。或者，进行回忆，确保回忆一个人，确保和任何人说话，确保一个人独处也很有效 □ 静默和沉默的休息时间：确保安静和沉默的休息时间，给自己的安静时间，确保几天的时间在大自然中度过也很有效

图4-1 社会场域转换的重点（个人篇）

个人 U 型过程的实践秘诀：新兴型问题解决法

我们通过"建筑工人父亲"这个故事，大致知道了个人在实践 U 型过程时是如何消除烦恼的。现在要进行实际操练。在了解烦恼、纠葛、死胡同的状况后，下面介绍 U 型过程的实践方法。

这个实践不是为了体验 U 型理论而设计的，而是希望大家把自己现在需要解决的问题带入实践。实践是根据 U 型理论的七个活动进行设计的。特别是场域从层次 3"感知"状态到层次 4"自然流现"状态，在这个练习中你能真实感受到它们的转换。

深入体验那种感觉时，还会物理性地移动位置，移动位置做得好不好对能否进入"感知"状态有很大影响。习惯这种方式之后，只要站的地方有所变化，看到的景象也就立刻发生变化。你或许觉得这种做法有些麻烦，但是只要习惯了，并根据 U 型理论原理步骤执行，就可以得到同样的效果。为做到从"感知"状态到达"自然流现"状态，请务必根据以下步骤操作。

［活动 0］准备练习所需要的环境

练习时，参考图 4-2，准备以下东西。

- 笔
- 表格（见图 4-3）
- 笔记本
- 闹钟（根据需要）

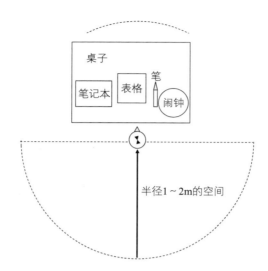

图 4-2　新兴型问题解决法准备事项

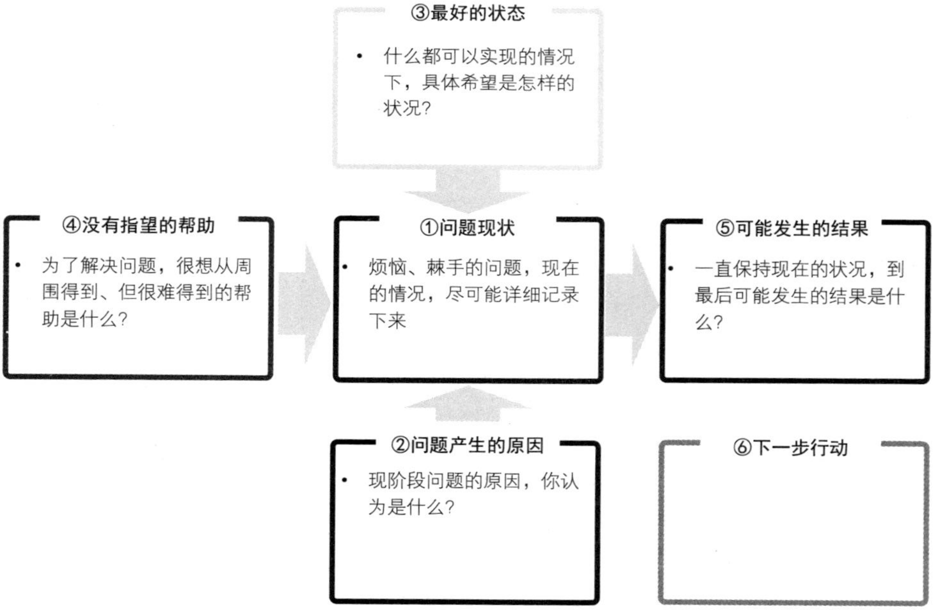

③最好的状态

- 什么都可以实现的情况下，具体希望是怎样的状况？

④没有指望的帮助

- 为了解决问题，很想从周围得到、但很难得到的帮助是什么？

①问题现状

- 烦恼、棘手的问题，现在的情况，尽可能详细记录下来

⑤可能发生的结果

- 一直保持现在的状况，到最后可能发生的结果是什么？

②问题产生的原因

- 现阶段问题的原因，你认为是什么？

⑥下一步行动

图 4-3　新兴型问题解决法

因为这个练习需要移动，需要以表格的放置点为起点留下 1~2m 的空间，所以为保证过程中不被打断，请关闭手机，营造一个能集中精力的环境。

[活动 1] 下载：选定问题，做好从下载状态出来的思想准备

情景

在表格上的"①问题现状"中填写选定问题的现状。

- 选择感到"想解决，但是很难解决"，让人头疼的问题，并填写在"①问题现状"中。为让自己能整理清楚，请尽可能详细记录。

解释

U 型过程实践最初的障碍是自己很难察觉自己正处于下载状态。拿着竹剑逼着孩子学习的父亲，那个时候他应该觉得那是最好的方法，完全没有意识到自己正处在下载状态这一事实。

和这位父亲一样，很多人在寻找解决问题的方法时，往往只在很小的范围内寻找答案，对此还深信不疑。因此，首先是能否找出自己希望解决的问题。

对有些问题稍微考虑之后就能找到解决方案，这些问题并不适合运用 U 型理论。以下才是适合运用 U 型理论的问题：

- 一直都让你困惑的、感到头痛的问题。
- 各种办法都想尽了，但始终无法解决的问题。
- 多次重复出现同样的情况，没有从根本上解决的状况或问题。
- 现在正处于缓解状态，以后还会重蹈覆辙的问题。
- 思路很清楚，可事实总没有想象得那么顺利的状况或问题。

这些问题虽然很适合这个练习，但是在面对这些问题时，我们经常会发生自己完全陷入下载状态的情况。这个时候，如果希望的结果长时间得

不到改善，就像戒酒、戒烟、减肥、整理家务一样，因为多次努力了还得不到回报，我们就会更加失望（见图 4-4）。

如果被这种情绪影响，就会带着一种负面的想法（这种练习也不过如此，不可能有好结果）参加练习，这就很难深潜 U 的过程。所以首先根据以上的指导路线查清问题性质，做好从下载状态中脱离出来并解决问题的决心很重要。

[活动 2] 观察：写出对于自身所处的环境状况的认识

情景

填写表格的"②问题产生的原因"和"③最好的状态"栏。

- 把问题的原因写在表格的"②问题产生的原因"中。对问题产生的原因，无须进行深刻分析。例如，"那个人稍微再怎样怎样就好了""都怪某某，所以才……"之类的都可以。

- 在完美解决问题之前，将自己最希望达到的状态写在第三栏"③最好的状态"中。问题当然会得到完美解决。如果什么都能实现，将你希望的最满意的状态写在"③最好的状态"中。也可以写自己真的很希望实现，但同时觉得又很难实现的状态。

解释

越对问题的状况不满，越会用自己的观点寻找问题所在，或希望的状态在不知不觉中就变成了愿望。把头脑中一直在旋转的下载状态的想法用笔记录下来后，促进暂悬，更容易进入"观察"状态。

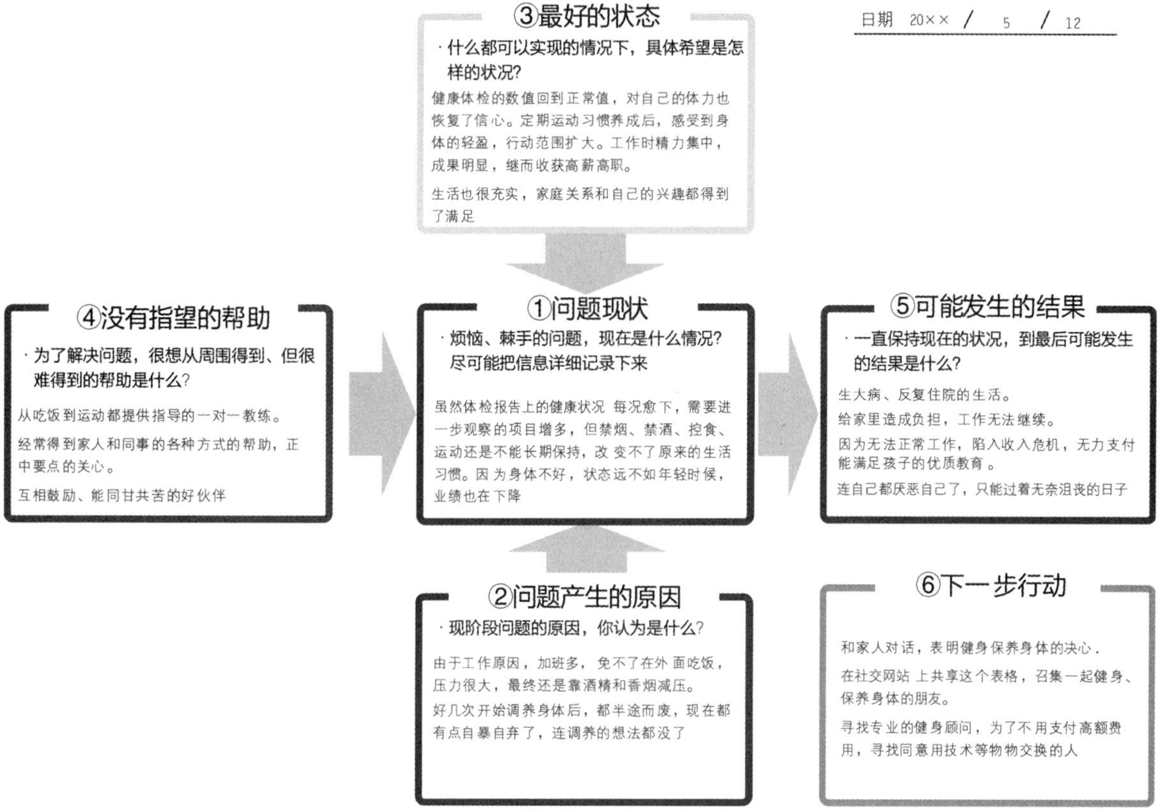

日期 20×× / 5 / 12

③最好的状态

· 什么都可以实现的情况下，对自己的体检数值，对自己的体力也希望是怎样的状况？

健康体检数值回到正常值，对自己的体力也恢复了信心。定期运动习惯养成后，感受到身体的轻盈，行动范围扩大。工作时精力集中，成果更明显，继而收获高薪高职。生活也很充实，家庭关系和自己的兴趣都得到了满足。

①问题现状

· 烦恼、棘手的问题，现在是什么情况？尽可能把信息详细记录下来

虽然体检报告上的项目增多，但是每况愈下，常要进一步观察状况。每况愈下，戒烟、禁酒、控食，运动还是不能长期保持，改变不了原来的生活习惯，因为身体不好，状态远不如年轻时，业绩点也在下降

②问题产生的原因

· 现阶段问题的原因，你认为是什么？

由于工作原因，加班多，免不了在外面吃饭，压力很大，最终还是靠喝酒和香烟缓减压。好几次开始调养身体后，都半途而废，现在都有点自暴自弃了，连喜欢自己了，连运来的想法都没了

⑤可能发生的结果

· 一直保持现在的状况，到最后可能发生的结果是什么？

生大病，反复住院生活。
给家里带来负担，无法继续。
因为无法正常工作，陷入收入危机，无力支付能满足孩子的优质教育。
连自己都无暇顾及自己了，只能过着无奈沮丧的日子

④没有指望的帮助

· 为了解决问题，很想从周围得到，但很难得到的帮助是什么？

从吃饭到运动都提供指导的一对一教练。
经常得到家人和同事的各种方式的帮助，正中要点的关心。
互相鼓励、能同甘共苦的好伙伴。

⑥下一步行动

和家人对话，表明健身保养身体的决心。
在社交网站上寻这个表格，召集一起健身、保养身体的朋友。
寻找专业的健身顾问，为了不用支付高额费用，寻找同意用技术等物物交换的人

图 4-4　新兴型问题解决法 (实例)

● 175

记录的时候，或者会有"啊"的状态（"观察"状态），或者只是把头脑中的东西叙述出来的状态（"下载"状态）。无论怎样，写下来是重点。尽量详细填写。

[活动 3] 感知：引入各种视角

情景

1．填写表格"④没有指望的帮助"和"⑤可能发生的结果"

- 为解决问题，实现最好的状态，将自己希望达到但又觉得很难达到的状态，或者不大可能得到周围人或同事的支持填写在"④没有指望的帮助"中。

- 想象一下因为得不到周围人的帮助，问题得不到根本性改善，将面临怎样的后果，并填写在"⑤可能发生的结果"中。

- 在填写"⑤可能发生的结果"时，不用考虑实际会不会发生，只需填写那些让你非常在意的内容。另外，不要填写那些一下就想到的、理性思考后必定会怎样的结果，而要填写一些理性以外的、"真的会变成那样的吗"之类的想法。

2．移动场所（位置变化），引入各种视角

如图 4-5 所示，一边移动位置，一边感受在各个位置看到的东西。

填写表格的地方称为"第一个位置"，然后从这个位置依次移动至"A．另一个角度""B．啦啦队队长""C．智慧使者""D．心灵伙伴"，最后回到起点"第一个位置"。

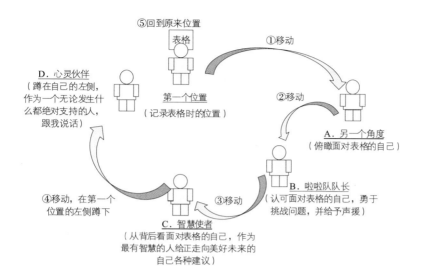

图 4-5　新兴型问题解决法"位置变化"

● 从"A．另一个角度"到"第一个位置"看自己。

拿着笔记本和笔，离开"第一个位置"，俯瞰之前的自己。站在"A．另一个角度"，在离填写表格的位置（1~2m），想象填写表格时自己的样子，把对自己的想法和感受写在笔记本上。笔记只是备忘录，只需记录自己想写下来的话语。

● 从"B．啦啦队队长"的角度助威"第一个位置"。

从"A．另一个角度"结束后移动至"B．啦啦队队长"的位置。顺时针移动，站在"A．另一个角度"的附近（70cm~1m）。"B．啦啦队队长"的职责是对还没达到预想结果的自己给予肯定和鼓励。

和"A．另一个角度"的相同点是，都是想象填写表格时自己的样子。不同点是，"A．另一个角度"只需要俯瞰的姿势，记下自己的感受，"B．啦啦队队长"则是对努力的自己给予肯定和鼓励。

这里所说的"肯定"是指赞同面对问题时自己的卓越天赋和态度。只需单纯地表扬即可。可以记笔记，也可以不记。

- 从"C. 智慧使者"位置对"第一个位置"的自己提建议。

完成"B. 啦啦队队长"的角色之后，来到"C. 智慧使者"的位置。顺时针方向移动，差不多离它 1~2m 并在"第一个位置"的正后方站着，想象正在认真填写表格的自己的上方有一个最好的未来，对那个面向未来的"第一个位置"的自己，给予充满智慧的建议。

建议内容不限，也不必考虑是否能实现，只要充满信心，给予足够的建议就行。视情况，适当记录。

- 从"D. 心灵同伴位置"对"第一个位置"的自己说话。

完成"C. 智慧使者"的角色之后，进入"D. 心灵伙伴"的角色。移到"第一个位置"的旁边，在与左侧的"第一个位置"的自己视线高度一样或者稍微低一点的地方蹲下，用余光看到"第一个位置"自己的侧脸。

想象搂住"第一个位置"自己的肩膀，用不管怎样都会无条件支持的心情去传达涌现的想法。

如果觉得自己想象做自己的心灵伙伴有点难，就想象一下对你来说你的"心灵伙伴"是谁。假设自己是他，然后对"第一个位置"的自己说话。视情况，适当记录。

- 最后回到"第一个角色"的位置。

解释

为超越过去的经验，用全新的眼光看自己，灵活运用表 3-1 介绍的"B.2 追体验的实际感受"和"C.2 直面可能发生的未来"。

表格"④没有指望的帮助"和"⑤可能发生的结果"在你碰到问题但得不到帮助时，让你更清楚那种状况持续下去的结局会怎样。

当被问题困扰时，我们总是会胡思乱想，无意识地想象"无论如何最不希望的结果"。在那个不希望的结果真实出现后，变成"C.2 直面可能发生的未来"的状态，就制造出了容易进入的"感知"状态。直面"⑤可能发生的结果"时，自己可能穿上不久的将来会穿上的未来自己的鞋子，用未来自己的眼睛看现在的状况。你会在感到害怕和担心的同时，更容易涌现出如何解决那种状况的想法。在感受那种心情时，转换角色，穿上别人的鞋子，用别人的眼睛看自己。

通过实际的位置变化，通过四个角色（"A．另一个角度""B．啦啦队队长""C．智慧使者""D．心灵伙伴"）对自己的观察，自己会得到之前从没想到的看法和信息。

在进行角色互换的过程中，当觉得自己心中涌现的想法及信息是全新的时候，我们会进入层次 2。另外，通过实际地点的移动，也更容易穿上各种角色的鞋子，更容易体会他人对"第一角色"的感觉。通过他人的视角看自己的体验，创造出"B.2 追体验的实际感受"，也容易进入层次 3。

［活动 4~5］自然流现和结晶设置静默时间，迎接新的发现

情景

回到"第一个位置"，设置静默时间，之后记录感受。

● 闭上眼睛，给自己一点静默的时间。

回到"第一个位置"，在放松的状态下轻轻闭上眼睛，重复深呼吸。同时感受刚才四个位置的人都在自己旁边。静默时间设为 1~3 分钟。为了不受影响，希望其间关闭手机，设好响铃时间。响铃声音不要太大，只是起到轻轻提醒的作用。静默期间不要刻意去想什么，仿佛置身于蓝天白云之下，任凭思绪流动，感知自己心中涌现出来的东西。

● 静默之后，将自己心中涌现的话语或感觉记录下来。

静默结束后，立刻将自己心中的话语和感觉记录下来。不用刻意追求是否具体、优美，想到什么就写什么。不要通过头脑思考后再写下来。

解释

到了活动 3 的状态，我们或许已经想到了解决办法或接下去的行动。如果已经得到了启发，就可以停止这次实践。如果还想要更多收获，就可以再深潜入活动 4。

到了活动 3 的状态，我们从各种角度去感知遇到的问题，也萌生了各种感觉。通过静默，那些萌芽得以成熟，"内在的智慧"从深处浮现出来。

放下通过头脑来找到解决办法，任凭自己内心深处的东西涌现出来，使新的发现得以结晶，并予以接纳。就如艺术家的一贯做法，先把内在原汁原味的东西表现出来，之后再给予升华。这种做法可以让我们看到过去从未有过的新的可能性。

[活动6] 塑造原型：表明新的想法，从周围得到反馈

情景

新的想法产生下一步行动，取得周围反馈。

- 得出下一步行动（next action）的想法，并进行选择。

一边看结晶阶段时记录的笔记，一边寻找解决问题的办法。在思考解决办法的时候，会想出很多不现实甚至怪诞的方案，对此可以轻松看待。在这些众多想法中选择可行的方案作为下一步行动，记录在表格的"⑥下一步行动"中。

- 向周围的人表明下一步行动，取得反馈。

以表格为基础，和周围的人一起讨论自己正面临的问题以及下一步行动的可行性，取得大家的建议和反馈。介绍表格①～⑥内容时，更容易得到具体、有效的建议和反馈。

解释

塑造原型时关注的是从结晶阶段看到的新图景生成新的方案，以及得

到周围人的帮助。

越是难以解决的问题，结晶的印象越容易成为新想法的启示。从周围人得到的协助可能就是解决的线索。

我们希望在这个过程开始之前得到周围人的帮助，但由于当时自己处于评判之声状态，周围人会觉得你的视野狭窄，不听劝告，因此很容易让他们觉得不知道应该如何提建议。

这个过程会帮助暂悬，我们有时能够直接到达自然流现，在这种情况下周围人可能觉得更容易沟通交流。通过共同经历①～⑥，周围人也更容易有画面感，更容易给予协助。根据每个人的不同，他们可能给你实行下一步行动的帮助，也可能提供有关下一步行动的全新的思路。

总体来说，与这个过程进行之前相比，共享自己正在探求的问题，有可能得到完全不同的思路或帮助。

［活动 7］运行：将新的解决办法转化为实践

实际运用通过塑造原型发掘的新的实践办法。从塑造原型到运行可能需要很长时间，但是通过认真反复的回顾反思，不断改善，就可以找到根本解决问题的办法。

第 5 章

U 型理论的实践：
团队篇

超越"无爱之力"和"无力之爱"之上的共同协作

5.1

在第 4 章开头提到了 U 型理论应用范围广泛，之所以应用范围广泛，不仅是指实践的手法种类多，还包括其适用于个人、团队、组织以及社会的各种规模团体。

但是，U 型过程在进行一个人的实践和多数人的实践时是有所不同的。只是在到达自然流现状态，与大我相连接产生灵感，形成新的发现这一点上是相同的，多数人的实践还需要补充一些要素。

那就是"跨越立场、角色、主张、文化、价值观、见解不同等的边界或壁垒，建立人与人之间的连接，在保持连接的同时，运用各个立场的共同协作的结果"。有关这一点，亚当·卡汉在《爱与力》一书中，引用马丁·路德·金的话，讲述了经过自己的亲身体验而得出的变革本质。

> 无爱之力会使人鲁莽滥用，无力之爱会使人感伤无力。
>
> ——马丁·路德·金

亚当·卡汉认为"力量"是"所有有生命的东西逐渐强大、逐渐扩展，以实现自我的冲动"，这种冲动是达成目的的冲动、完成任务的冲动、希望成长的冲动。而"爱"是"希望把支离破碎的东西统一起来的冲动"。也就是意味着，把已经七零八落的或者看上去分开的东西再次拼装成完整的整体的冲动。

"力量"和"爱"具有创造性的一面同时具有破坏性的一面（见表 5-1）。力量和爱在显现它们各自破坏性的一面时，都会加速双方的破坏性，最终导致失败。

表 5-1 力量和爱的创造性一面和破坏性一面

	创造性一面	破坏性一面
力量 "所有有生命的东西逐渐强烈、逐渐扩大，以实现自我的冲动" • 为达成目的的冲动 • 完成任务的冲动 • 希望成长的冲动	• "自己做"（Power–To） • 应该能创造出更有价值的、能改变的东西	• "让做"（Power–Over） • 防止、偷取他人的自我实现 • 压制他人
爱 "希望把支离破碎的东西统一起来的冲动" • 把已经七零八落的或者看上去分开的东西再次拼装成完整的整体的冲动	• 带来深层的连接及亲密感 • 促进自己和他人的成长	• 伤感的，缺乏执行力 • 会引发被压制的力量的爆发 • 因缺乏执行力，会被当时的权力者利用

亚当·卡汉作为一位引导师，亲临了南非种族隔离政策后的南非独立、哥伦比亚战后的政府和反政府游击队的对话等社会复杂性极高甚至随时可能突发暴力的事件。他的结论是：如果力量和爱的创造性不能同时提升（也不能只提高某一方面），就只能像走路时总是以右脚或左脚为重心那样左右平衡，有时以力量为重心，有时以爱为重心，之后又以力量为重心。以此类推，相互交替得以前进。他认为这才是 U 型过程的本质。

也就是说，在"U 的下潜过程"的左侧是引导爱的创造性一面的过程，而"U 的上升过程"的右侧是引导力量的创造性一面的过程（见图 5-1）。

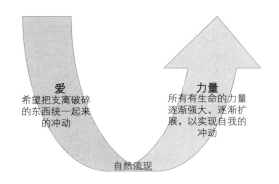

图 5-1　U 型过程与力量和爱的关系

当我们由于立场、角色、主张、文化、价值观、见解的不同，出现与对方失去连接、产生隔阂的爱的破坏性状态时，希望以力量的对策来取得成效，不仅限制很多，还有可能使事态更加恶化。

但是，当我们能够一起深潜下去，到达"感知"状态时，彼此的隔阂就会开始瓦解，当到达"自然流现"状态时，会感受到深切的一体感以及所有人得以肯定的新的意志或者愿景。然后，朝着可能性的未来开始上升——拧成一股绳，这时力量才开始真正发挥创造性的作用。

用凯丝美公司的案例讲，营业部和市场部之间因立场和职责的不同，产生了隔阂。当总务的女士边哭边说出"大家同在一个公司，又都是为了把工作干好，彼此间为什么要不留情面地相争"这句话时，营业部和市场部互相把公司的失败全部归咎于对方，还不时撒盐在对方伤口上的这种破坏性的爱的一面开始瓦解了。之后，当社长激动地说出"你们一个个真心实意地告诉我，到底有没有奋斗到 12 月月末的决心"这句话时，所有在场人员一致同意的心声，瞬间使现场一片寂静，从而产生了深深的一体感。这就是爱的"希望把支离破碎的东西统一起来的冲动"发生的瞬间。

当宫泽大哭着说"我是真的，真的很喜欢这个公司"时，"喜欢这个公司，喜欢大家，大家一起奋斗吧"的共同意愿结晶了出来。之后，营业部和市场部一起外出见客户，通过各自角度的塑造原型后得出新的共同努力的方向，正体现了力量的创造性一面。

因育儿问题意见不合而引起纠葛的夫妇

两个人以上实践 U 型理论的过程，首先需要成就的是"爱"。

组织、社团的应用，因为参与者较多，关注的焦点是如何从因为人数多而容易形成的说话、做事总是无关痛痒的风气中挣脱出来，以及在相反的情况下，如何克服容易形成对立的意见和立场。

相反，两个人或几个人的小团队，因为人数少，时间越长越能看清楚对方好的一面和坏的一面，因此会陷入彼此纠缠的关系中。如果解决不了问题，讨论将无休无止，直至完全无解。是否能跨越这个根深蒂固的相互依存关系就成为两个人或几个人的小团队实践的重点。

夫妻吵架并不断升级；企业创业之初团结一心，但是当碰到营业额下降或者摸索新方向时，就产生了矛盾，最终不欢而散的例子都属于这类问题。

作为引导师和调解人，我多次遇到这种情况："总是同样的原因，引起同样的现象。"人们总是能将对方的问题和不恰当的言行条理清楚地表达出来，但是几乎没有人能够认识到对方也能够条理清楚地指出自己的问题。这意味着，我们的眼里能看到对方的所有问题，唯独看不到对方眼中的自己。

如果不能修正这种"自己眼中的自己"和"他人眼中的自己"之间的

差异，就不能够进入层次 3 "感知" 的状态，那么无论使用什么手段都无法在本质上解决问题。

现在，以育儿问题引起的夫妇矛盾为例，带领大家进行更深入的体会。

孩子出生时，所有夫妻都会遇到 "动态复杂性" 问题。如果是第一个孩子，更是如此。世界上有各种各样的育儿书，父母及朋友的参考实例也很多。自己作为父母在面对每天成长的孩子时，每天都能遇到跟过去的经验不一样的问题。

同时，对育儿及婚姻生活的价值观差异也慢慢浮现出 "社会复杂性" 问题。再有，丈夫或妻子公司的状况、孩子托儿所及学校的状况等都直接影响到自己的生活，"新兴复杂性" 问题也会随之出现。从这个意义上说，称其为 "在超复杂性的漩涡中" 也不为过。

现在让我们想象一个经常遇到的夫妇矛盾模式。

中江夫妇三年前结婚，前不久，女儿降生。丈夫一郎是一名 35 岁的系统工程师，在一家国内的系统开发公司上班。妻子梦子 31 岁，是一家外资公司的内衣设计师。两个人通过朋友介绍，交往了两年后结婚，度过了三年二人世界后，迎来了第一个孩子。

刚结婚的时候虽然二人很想要孩子，但因为梦子的工作刚刚步入轨道，所以始终下不了决心。但是双方父母都急切地想抱孙子，终于梦子在 30 岁的时候决定要一个孩子。

梦子因为自己早有计划安排，所以感觉很好，对生产也做好了心理准备。她的公司是外资企业，产假和育儿假制度很完善。产假全部用完，育儿假并不准备用完，在孩子四个月大的时候，梦子就决定回去工作。

梦子在产假期间，虽然严重缺少睡眠，又辛苦照顾孩子，但初为人母的兴奋及幸福充满了整个假期。可工作后，梦子就开始吃不消，于是抱怨不断，对丈夫也不满起来。

梦子的抱怨是这样的："我老公认为，休息时间就应该是自己随意支配的时间，所以总是看电视或者电脑。带孩子只是自己的兴趣，嫌麻烦了，就借口说有工作直奔电脑。在家务上，他主动做的事情几乎没有，而且只做那么一点点，还给我脸色看。孩子没出生前，我觉得他是个很温柔的人，现在看来实在是判断失误。我好几次请假接在幼儿园发烧的孩子回家，除了一句'谢谢'，其他就什么也没有了。我的工作也很重要，说好的两个人一起带孩子，现在看来也是没指望了！"

一郎的怨言、不满也与日俱增："工作忙，压力大，回到家还受老婆的气。干家务、带孩子我都尽力了，感谢自不必说，还吹毛求疵，实在想不明白她怎么有那么多的抱怨。放着好好的育儿假不用，非要提早上班。搞得我也得向公司提出了不情之请，希望能在家里办公，她真的一点都不理解我的难处。经常听到有人说女人生了孩子后，就从女人变成妈了，果真如此！本来还以为我家不会那样，想想谈恋爱的时候真好。孩子非常可爱，可我回到家里感觉窒息，下班都不想回家。"

怎么样？这种互相抱怨的场景，程度或轻或重，或许有人似曾相识吧。说不定有人正在经历着呢。甚至有人会说："我现在就是这样……"

看了以上的叙述，你是不是会同情妻子的不容易，同时也能理解丈夫的心情呢？

像这种双方各自说得都有道理的争吵，不只在夫妻间，团队中也经常可见，而且认为互相商量下就可以解决。或许有人也会劝他们："先坐下来谈谈。"

通常这个方法是不奏效的，那些抱怨、争吵还会继续重演，丝毫没有转机。我参与过许多夫妻吵架的调解、经营团队对话的引导，见过太多同样的人说同样的话。不管是小型企业，还是大型企业，相互抱怨的团队都是同一症状。而且，即使多次的一起讨论、促膝长谈，也是毫无进展。状况越棘手，时间花得越多，越发觉得难以互相理解，往往最终的结局是不欢而散，或者相对强势一方强行让另一方屈服。

5.3 破坏人际关系的共通模式

难道就没有解决办法了吗？在回答这个问题之前，我们先解开抱怨背后模式的绳索。华盛顿大学心理学教授约翰·戈特曼博士的**"关系四毒素"**值得参考。

他主要研究婚姻和家庭的问题。在 16 年内接待过数千对夫妻，他通过追踪其中的 650 对得到的研究结果，出版了一本以"关系改善七原则"为标题的"婚姻生活成功的七原则"。

约翰·戈特曼博士在书中提到，只要观察来到研究所的夫妻 5 分钟，就能以 91%的准确率预测出这对夫妻是能幸福地生活在一起，还是走上离婚的道路。

还有一个有趣的发现：夫妻争吵问题的 69%都属于"永远的问题"。"根据四年的追踪调查发现，来咨询的夫妻四年期间都在为同一个问题争论不止。他们的服装、发型、体型都有改变，连皱纹都增加了，可还是在同一个问题上互不相让。"用 U 型理论的话来讲，越是亲近的人，越容易陷入下载状态的模式。

约翰·戈特曼博士的研究成果，可以参考"关系改善七原则"。他写的关系恶化要素的"关系四毒素"的想法更加值得关注。（书中用"四个危险要素"表示，团队研究中用"四毒素"表示，这本书中用"关系四毒素"表示。）报告称，关系四毒素，不只在夫妻间，在团队中出现也会带来恶劣的影响。

为了团队的下载模式可视化以及顺利进行 U 的过程，下文将使用关系四毒素来介绍实践方法。这里不介绍约翰·戈特曼博士的七原则，如果大家感兴趣可以参照之前介绍过的书籍。

5.4 消除内在情绪的"关系四毒素"

约翰·戈特曼博士提出的关系恶化的"关系四毒素"分别是指①谴责、②侮辱·轻视、③自我辩护·防御、④逃避。这里的谴责也包含否定对方的存在。

约翰·戈特曼博士把"不满"和"谴责"区别开来，"昨天晚上忘了打扫厨房的地板吧！所以我才生气的，不是说好了轮流打扫吗？"这是表示自己的不满。"你为什么这么健忘！最讨厌轮到你打扫地板，却还是我在做。真的是个没有责任感的男人。"这种否定对方的能力和人格的是谴责。

约翰·戈特曼博士根据观察以客观事实为依据，将明显的行为所表现出来的状态归为"关系四毒素"。实际上，即使没有明显表现出来，心里只要带着那种情绪就会弥漫着危险的气氛，不知不觉中对方会感觉到这种微妙的态度。如果你是一个擅长感知场域气氛的人，就会敏感地觉察到，马上影响到彼此的关系。在本书中我们扩大了范畴，将具体行为的内在情绪也纳入四毒素的范围。

"关系四毒素"难的地方在于即使不明显表露出来，内心只要有所想就会传递给对方。很多人见面不到几小时就能察觉到谁看不起谁，是不是这样？

以前我们举行过一次伙伴及公司员工的会议。一位伙伴在我在场的情况下直言："中土井先生，看不起某人吧？"因为在公共场合，当时很尴尬，倒不是因为他直言不讳，因为他确实没有说错，觉得自己应该反省。也就是说"关系四毒素"，即使谨慎注意自己的言行，也还是无法阻止传递给对方或周围的。而且内在情绪的四毒素，你想掩饰着不表露出来都没法阻止，因为那是下载状态。即使下了决心，"好，从今天开始不再看不起他"，你也是没办法做到的。

通过实践 U 的过程，消除内在情绪的四毒素，达到自然流现，实现"爱"，创造性地发挥"力量"，从而实现转变是本章的目的。

5.5 人际关系恶化机制

关系四毒素加速的要因

为了消除关系四毒素，首先，我们看看在怎样的机制下关系四毒素才会产生。

阿尔伯特·艾利斯博士于 1955 年创建了理性情绪行为疗法的基本模型"ABC 理论"，如图 5-2 所示。在对其加以整理后，运用在关系四毒素中。A：诱发事件（Activating event）是对方的行动，B：信念、固有的观念（Belief）是自己的标准和期待（这里为便于理解，称为自我基准），C：结果（Consequence）是不愉快的感觉。

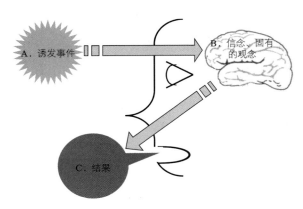

图 5-2　ABC 理论（阿尔伯特・艾利斯博士）

关于四毒素容易引起对方的（反应）态度，可以用一个能闭合的圈表示（见图 5-3）。

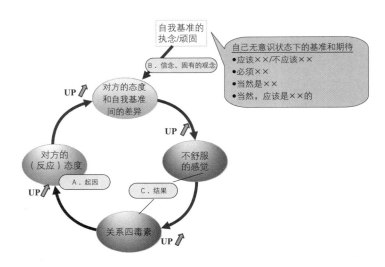

图 5-3　从 ABC 理论看关系四毒素强化圈

如果对方正好是过路人，因为不会再见面，循环圈也就不会形成。但是夫妻或恋人之间、长期共同合作的伙伴之间，一起相处的时间越长，就越容易形成关系四毒素强化圈。当然，因为投缘，随着交往的时间越长，越来越亲密的也有。这种情况是放下了自我基准，也就是说，原谅对方的态度，或者本来就不曾在意，所以也就没有威胁自我基准的分歧，圈就不会成形。

麻烦的是，让圈不停循环的事情，特别是一些特定情况，如因育儿压力引起的夫妻关系会加速圈的运转，陷入孩子出生之前从未有过的糟糕气氛中。

当圈不断恶化时，其实隐藏着两个使之加速的原因："妄下结论和认识的歪曲"（给别人贴上标签，根据那个标签来收集片面信息）和"自我正当化和自我牺牲感"（见图 5-4）。

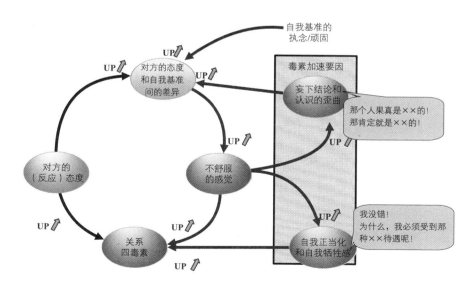

图 5-4　关系四毒素的加速要因

人具有在因对方的态度或行为受到刺激，或者朦胧中的怀疑得到证实的时候，就会跳跃式地上升到由推论到对对方形成成见的特性。以育儿压力的夫妻为例，或许开始梦子觉得一郎是"任性、不体贴的老公"，一郎也觉得梦子是"无论做什么都不知道感恩的薄情老婆"。可怕的是，一旦产生这种想法，就会有一种不断收集强化那个想法信息的认知歪曲。

公司即使会突发系统问题，一郎也勉为其难向上司提出，在家里办公。这样可以帮带孩子、做家务。可在梦子的片面认知中，只要看到一郎对着电脑，就会收集妄下结论的证据："又开始玩电脑了！真自私！"然后，"把什么事都交给我做"的自我牺牲感和"我没有错"的自我正当化的想法更加强化。最终，随着关系四毒素的强化，粗暴的态度、讽刺的言语和抱怨都相继出现了。

四毒素连续几次被放出后，一郎开始还能忍让，给妻子买她爱吃的东西，却不料妻子并不领情："买这种东西，还不如买尿布呢！"一郎再也无法忍受，给妻子也贴上了"做什么都不知道感恩的薄情老婆"的标签。

然后，看见自己工作劳累回到家，妻子漠不关心的态度，就会收集"果然这个女人无情"想法的证据。"我提早回去工作，也是尽最大努力来支持你，为何还要受到如此礼遇"的自我正当化的想法强烈起来，一郎也开始进行四毒素的吐露。

陷入这种状况后，男人容易选择"逃避"这一毒素，表现为懒得说话、晚归、不想和妻子待在一起。这种行为在妻子看来，又是自私的。两人的关系陷入恶性循环中。

5.6 人际关系好转的关键

相互刺激圈背后的复杂性

了解产生关系四毒素的机制后，很多人大概也已经预见到这个圈只要继续旋转，对方的态度会变成怎样。是的，**圈越转，对方的态度越将对方变成针对自己的关系四毒素**。就像刚才的例子，最初梦子或许只是因为工作、育儿不能两全才生气。但是持续这种状态后，一郎不仅听不到梦子感谢的话语，还只会对他发牢骚。随之慢慢地一郎产生了一种不想做家务，不想下班回家的逃避态度。在这些毒素传达给梦子后，梦子对一郎更加不满。然后，一郎也感觉到梦子对他更加否定，也加速了一郎对她的责怪和逃避。从这个案例中可以看出自己和对方发出的关系四毒素圈连接起来后，互掐脖子的模式就非常明显（见图 5-5 ）。

认识这对夫妻的朋友听了他们的谈话后，认为"两人都有错"，得出一个"都没有好好听对方说话"的结论，然后给出"好好聊一聊"的建议。

但是，加速圈运转的时候是对自我基准的高要求及不让步、妄下结论和认识的歪曲、自我正当化和自我牺牲感，即使进行对话，也只是把自己的想法强加给对方，完全没有让步的意思。对话时也只是四毒素互相喷吐，说不定会使关系更加恶化。

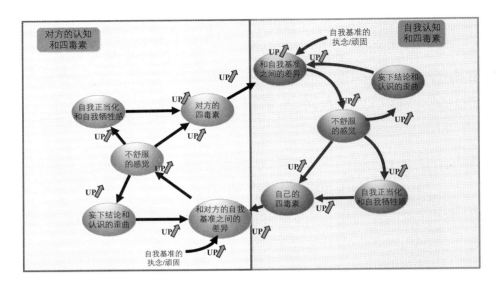

图 5-5　关系四毒素的相互刺激圈

这是很容易理解的一对一的关系。小团队其实也是一样的，看上去好像整体关系变坏，实际上是一对一的关系像网眼一样遍布，然后分成了两三个团伙少量的集中，就变成了集中攻击。

在商业场合，即使内在情绪是"谴责"或"侮辱·轻视"，也很少会明显地表现出来。大多数表露出来的是"自我辩护·防御"或"逃避"。

"自我辩护·防御"表现为不清楚自身应该承担的角色，看不清前进的方向。"逃避"则表现为沉默、不积极主动、不愿意出席重要的场合或会议、模棱两可、中立无主见的态度。

团队也和一对一的情况一样，只要知道从关系四毒素圈解脱的钥匙，就能够在实际中应用。那么，解脱关系四毒素圈的钥匙在哪里呢？它就是隐藏在这个关系四毒素圈背景下的复杂性（见图 5-6）。

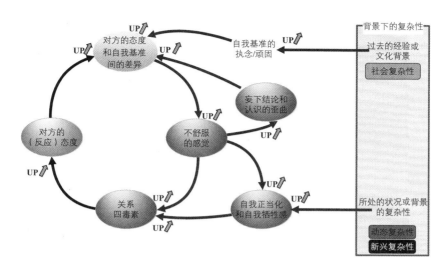

图 5-6　关系四毒素圈背景下的复杂性

"自我基准的执念/顽固"的背后，有他过去的经验或文化背景的复杂性；"自我正当化和自我牺牲感"的背后，有其所处的状况或背景的复杂性。

与过去的经验或文化背景差别越大，越容易陷入"社会复杂性"。现在所处的状况、背景的复杂性是"动态复杂性"或"新兴复杂性"中的一种，抑或二者都有。

这些复杂性的程度会因时间和场合而不同，复杂性越高，刺激后的紧张感也就越高。也就是说，如果发生了对彼此都不愉快的事情，当陷入危险状况时，双方并不一定会团结一致，反而更容易引发互喷毒素，导致关系破裂、分手或形同陌路。

我们还是通过上述案例来说明。

假设梦子的成长环境是父母关系不和，小时候的记忆是父亲经常在酒后对母亲施暴，母亲因为没有经济能力，不得不与父亲在一起生活。所以，梦子绝对不愿意在经济上依附于一郎，不做家庭主妇的想法也是可以理解的。一郎作为三兄弟中的老二，与其他兄弟相比总觉得自己不被父母重视，希望母亲表扬他时却得不到的记忆尤其深刻。他希望作为一个母亲能多陪自己的孩子，爱他们，应该表扬的时候好好表扬的心愿也不为过。

因此，在不同的成长背景下，他们形成了各自的价值观和固有观念的自我基准。这个不同是因为社会复杂性，彼此很难用语言去说服，很容易产生分歧，甚至无法逾越的鸿沟。很多时候离婚的原因大多是价值观不同，那是社会复杂性的程度致使关系四毒素强化圈不停旋转的后果。

再从动态复杂性的角度来看，梦子作为外资公司内衣的设计师，因为公司目标群体是年轻女性，年龄越大对一个设计师来说越不利，所以总担心被年轻人超过。

外资公司崇尚的是实力和业绩，其实育儿假也是虚有其名，基本上没有人会休完假期。如果失去这个职位，就会被转入设计中老年内衣的部门，与设计年轻人内衣的明星部门相比，一般人往往都会认为那是职场失败者的墓地。

一郎身为系统工程师，近来公司受国际化的影响，被印度抢去了很多生意。业界都陷入了客户大力压价，让利部分只能靠服务加班来补充的状况。本来交货期短、不能往后拖延的系统开发世界，在系统交货期前，通宵工作是必需的，系统发生问题也是必须立刻处理的。

而且，系统工程师要想生存，除了必须学习最新技术，还要学习英语或中文。过去的技术已经不能满足现在的发展，无论怎么努力，总有一种莫名的不安全感。

处在动态复杂性中的两个人，都很难感受到对方能理解自己的不容易。彼此一味盯着和自我基准不符的言行，"自我正当化和自我牺牲感"就越来越强烈。

另外，如何育儿对他们来说就是"新兴复杂性"，所以他们经常处于混乱之中，彼此感受不到对方对自己的肯定，更强化了"自我正当化和自我牺牲感"。

我本人能亲身感受到自己在各种复杂性中的混乱和走投无路，对方却**是要么不知道卷入了何种复杂性之中，要么虽然知道，但是无法真实体会到。**也就是说，停留在层次 1 或层次 2，没达到层次 3。

导致关系四毒素圈越来越强化的原因是，**双方都处于对方的盲区，眼睛根本看不见，无意识中还理所当然地期待自己的复杂性对方应该理解。**也就是说，他们互相强行让对方去完成自己无法处理的或做不到的事情。

不仅是夫妻之间，在企业中因为不能相互理解彼此的复杂性，导致各种管理问题的出现也是非常多的。例如，从大公司跳槽到小公司时，会看不惯很多事情，会说"应该这样做"，这会引起不满，很难快速融入进来；或者将一直以来以"军事化管理"的领导风格，转移到大多是女性的部门后，结果是不奏效的；或者分解经营指标，要求各部门协助配合，却遭到各个部门的反对；等等。

即使不能解决对方的复杂性，如果能发现它的存在，并站在对方的角度去感知它的状况，那么从关系四毒素强化圈中跳出来的可能性也会大大提高。

5.7 团队 U 型过程的实践秘诀

说到这里，应该理解了关系四毒素对于团队的影响。接下来将介绍如何运用 U 型过程脱离关系四毒素强化圈，从正在生成的未来产生新的可能性的实践技巧。

关系越密切的团队，就越没有"只要照这样做就行"的魔法棒。也就是说，不是僵化地使用技巧，而是抓住在流动的现场中柔软对应的技巧，每次都能用自己独特的方法去破解才是最重要的。

给大家介绍实践的秘诀和启发（见图 5-7）。为了便于更好地实践，每个活动都会从"提示问题""解释""实践秘诀"三个方面进行介绍。如果你能够置身其中，相信会得到更大的启发。另外，你也可以试着回答"提示问题"，把自己心中所思所想以及所处状况写在纸上，会更轻松地进行实践。

[活动 1] 下载：发现团队处于下载状态，做好脱离的心理准备

提示问题

- 你有没有责怪谁或者抱怨什么事情的想法？如果有，那是什么样的想法？

- 你的关系四毒素表现出来或者没有表现出来，心中有没有那些毒素的情绪？

- 你有没有像口头禅般常说的话？那是什么样的话语？

- 你和别人的谈话以及组织内的沟通是不是停留在表面？这个时候，大家是一种怎样的态度？

- 你是否希望改变对方以及团队的状况？

- 你希望和对方或者团队创造怎样的未来？

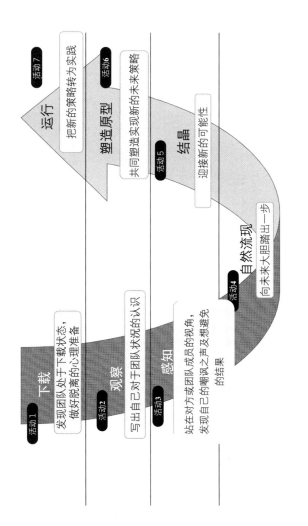

图 5-7　U 型理论的实践（团队篇）

解释

在个人篇中提到过，实践 U 型过程开始的难度是，意识到自己正处于下载状态。在团队这种看得见对方的时候，怎么想都觉得对方有问题，如果对方不改变的话，你觉得是解决不了问题的。这种对自己的做法没有丝毫怀疑的态度，是很难从下载状态中脱离出来的。

如果你能告诉自己，"我的看法或意见是片面的，改变一下自己的态度也未尝不可"。这种给自己许可的行为是非常重要的。但是，如果你有"这种人，绝对不可以也不可能原谅"的想法，就好好地和这种不可原谅的心情共处吧。不用刻意转变，因为"欲速则不达"。

当以下的各种状况出现在自己、对方、团队之间时，说明陷入了下载状态。

- 认为现在的状况是由谁或因为什么才引起的。
- 吐露关系四毒素。
- 总是说着相同的话，表示着相同的主张。
- 重复不痛不痒的言行。
- 到处弥漫着尽量避开伤人或难以启齿的话语。
- 即使每个人都有自由发言的机会，但讲话的就是固定的几个人，其他人都不说话。
- 感觉不到场域的能量，只能感觉到表面上的热闹而已。

首先，一个重要的前提是**要意识到作为团队成员的你，如果陷入了下载状态，将会让场域的下载状态继续加重**。如果没有意识到这个前提，你就会怪罪他人，"这个人老是在说话，所以场域一直停留在下载状态"。无意识地喷吐四毒素。一旦你完全陷入下载状态，便很难发现自己在指责或怪罪，也很难意识到在喷吐四毒素。

实践秘诀

- 观察场域，注意有无陷入下载状态。

- 注意有无怪谁或其他什么事情，有无吐露四毒素。

- 自己的客套话，自己的"经常性的主张"注意不要多于两次以上。

[活动 2] 观察：写出自己对于团队状况的认识

提示问题

- 如果你对对方、团队成员以及周围状况喷吐四毒素，那是什么样的话？

- 现在，如果你坚信自己是对的或有受害者的感觉，是怎样的感觉？是对谁？什么事情？

- 你觉得对方或团队成员哪些地方还没有明白和理解你？

- 你什么样的自我基准没有被满足？有没有被忽视的感觉？

解释

前面说过，和对方以及团队成员在一起的时间越长、距离越近，越容易喷吐关系四毒素。

首先，为确保自己不产生反应，先把自己在喷吐怎样的毒素、怎样的自我基准被忽视、怎样的自我正当化及牺牲感、什么东西不被人理解等都写在纸上，这样能帮助你进入暂悬状态。

秘诀是把头脑中的想法全部释放出来，并详细地写在纸上。用头脑想当然可以，但是用头脑处理时，"思考"本身很容易进入下载状态，是暂悬状态的障碍。写在纸上，不是原谅对方或团队成员，也不是默认，而是为了使陷入下载漩涡后关系四毒素的相互刺激不至于加速，为顺利进入"观察"状态做好准备。

实践秘诀

- 关系四毒素、自我正当化、自我牺牲感、不被理解、自我基准的描述。

- 书写时，不要罗列清单，要像漫画书中对白框似的描述，尽量活生生地、再现般地写出来。

［活动 3］感知：站在对方或团队成员的视角，发现自己的嘲讽之声及想避免的结果

提示问题

- 对于对方、团队成员以及周围状况，你心中是否有评判之声？如果有的话，是怎样的声音？

- 如果你心中有，为促进暂悬，应注意什么？

- 对方或团队成员的意见、主张的背后，是具体怎样的"过去的经验或文化背景""所处的状况或环境的复杂性"？

- 有没有评判之声？有认真聆听对方或团队成员的意见或主张的心情吗？

- 达到这种境界之前有没有好好听对方或团队成员的背景？

- 你心灵深处对于自己或对方、团队成员的嘲讽之声是什么？

- 你无论如何想避免的结果是什么？

解释

团队的 U 型过程难度最大的是到达"感知"状态。双方或团队成员间的纠葛越大，复杂性越高，站在对方的视角就越难，就越需要耐心和勇气。听到从对方的视角去看，我们可能认为是对本来不赞同的意见给予支持、对不能原谅的行为给予原谅。事实上，不是认可对方的意见或行为，而是要有"虽然对这个意见或行为不满，但也能理解他的做法，如果自己站在他的视角，或许也会这么想或这么做"的心境。

当然，并不是达到了这种"心境"，就能马上找到解决方案，也改变不了无法赞同的意见或不能原谅的行为。但是至少能减弱"妄下结论和认识的歪曲"和"自我正当化和自我牺牲感"，减缓关系四毒素强化圈的加速。自己的关系四毒素不吐露的话，对方也不会有反击你的反应。随之他的关系四毒素也很难喷出，然后你也不会刻意去为难他。站在对方或团队成员的视角，并不是说双方的关系四毒素消失了，但至少能打开为出现新的可能性而开启的对话空间。

站在对方或团队成员的视角后是否成功，也就是是否到达了"感知"状态，通过观察对方或团队成员的评判之声是否消失了就能判别出来。不管对对方的主张或行为进行了怎样的分析，对对方的性格或模式进行了怎样的解析，只要有评判之声，场域还停留在层次 1 或层次 2，就无法得到突破性的效果。

站在他人视角的关键是倾听图 5-6 所示的对方的"过去的经验或文化背景"及"所处的状况或背景的复杂性"。

讨论谁才是正确的，互相表明自己的立场，只能让差异更明显、对立更激化。而且，在产生"妄下结论和认识的歪曲"，满怀牺牲感的情况下，不管如何阐述自己的正当化，对方根本听不进去，反而激起他的对立反应。结果，难以相互理解的感觉越来越强烈。最后双方都放弃了通过沟通去化解，以至于走上关系破裂的道路。

为避免这种状况的发生，选择让自己能够站在对方的视角的做法——倾听。去倾听对方确立的自我基准是基于怎样的过去经验、文化背景、执着的自我牺牲感及所处的状况和背景。很重要的一点是，不是问"为什么要那么认为"，而是问"造成这种想法的具体的事实或状况是什么"。

例如，梦子对一郎的不满是："丈夫应该更多做家务和照顾孩子，可他完全不配合!"如果问梦子："为何丈夫应该多帮忙做家务，照顾孩子？"她肯定只会讲述自己想法的正当性："我也要工作，他根本就没想过要改变没有孩子前的生活模式!"如果换一种方式问梦子："对于'丈夫应该更多做家务和照顾孩子'这个想法，有没有具体发生过什么事情？"或许梦子会回答："以前孩子发烧，必须请假提早回去时，虽然上司同意了，但第二天找我谈话，'我们部门是公司的核心部门，讲究效率的，如果因为孩子的事情每次都早退，很不妥啊! 同时还会影响部门其他人的士气。实在不行，就换个部门，给中老年人设计内衣'。孩子和工作兼顾很难已经非常明白了，可是就这样轻易地放弃自己喜欢的工作，还真是舍不得。虽然知道老公为养家在拼命工作，可还是羡慕他能够全身心投入进去。"

对于梦子的"丈夫应该更多做家务和照顾孩子"的想法，一郎或许想要反驳，但是听了梦子背后的故事后心情或许会变化："原来还发生了这些事，真有点对不住她，我的这种自私做法，被老婆埋怨也情有可原。"

消除对对方或团队成员的评判之声，到达"虽然对这个意见或行为本身不满意，但能理解为什么那么想"的心境前，重点是需要暂悬自己的观点及意见，从不同的角度倾听这个观点和意见背后的故事。

当对对方或团队成员夹杂着评判之声进行喷吐关系四毒素的时候，自己心灵深处一定也隐藏着对对方或团队成员，抑或对自己自身的嘲讽之声。评判之声属于意识上容易发现的，**嘲讽之声是潜意识的，通常意识不到，对方或团队成员有着怎样的嘲讽想法，深度挖掘自己的内心时才会发现。**这种嘲讽的话语一般以"自己（对方）反正……""自己（对方）果真……"形式烙印在潜意识里。

了解了上述原理，会有解开为什么自己会有评判和喷吐关系四毒素谜

底的感觉。当把嘲讽之声向对方或团队成员进行自我表白时，可以肯定地
说一定会得到回应，这样场域就会发生转换，能够到达"感知"状态。

当喷吐关系四毒素时，内心会有一种当前状况加速后导致产生不希望
的结果的猜想。"当前状况如果持续下去，你觉得最终会怎样？"然后对那
个答案再次进行提问："如果真的发生了，你认为接下来会发生什么？"进
行诸如此类的连续的自问自答，有时会出现内心所想的"绝对不希望这种
状况发生"的结果。当对对方或团队成员自我表白那个结果时，会得到回
应，转换社会场域的可能性会提高。

实践秘诀

- 评判之声消失之前，所有的对策都是暂定的。

因为在到达"感知"状态之前，无论何种对策，都有可能是再现、强
化现状的模式，停留在表面解决的层面。因此，当评判之声在自己心中没
有被消除掉时，所有对策一概以暂定处理。

- 倾听的不是观点或意见的理由，而是有那种想法的具体事实。

听了对方的观点或意见的理由之后，是不能够站在对方的视角的。只
有为了实现目的，需要促使对方讲述具体事实，并真挚地聆听对方"过去
的经验或文化背景以及所处的状况"，才是真正站在对方的视角。倾听的时
候，对方也能感觉到你在认真听他说话。

- 发现评判及关系四毒素后面隐藏的嘲讽之声，通过自我表白会起到
  积极作用。这样做也会促使对方去自我表白，彼此就有机会站在对
  方的视角，从而轻松到达"感知"状态。

需要注意的是，当我们把评判之声表白给对方的时候，只会让对方的
关系四毒素散发出来，加速下载。要向内看，发现自己的嘲讽之声后再进
行自我表白。

- 寻找"无论怎样都想避免这样的结果",进行自我表白。

当我们不断喷吐关系四毒素时,在你心灵深处一定有一种"无论怎样都想避免这样的结果"的声音。和发现评判之声时一样,关注自己的内心深处,去发现这个声音,并进行自我表白,得到对方的回应。

[活动 4~5] 自然流现与结晶:向未来大胆踏出一步,迎接新的可能性

提示问题

- 当站在对方的视角时,看到了怎样的现实?
- 维持现状,长时间后,你觉得会发生什么结果?
- 为改变现状,你踏出的新的一步是什么?
- 这个新的一步会导致的最坏的情况是怎样的?接受这个事实,需要怎样的心理准备?

解释

到达"感知"状态后,或许已经看到了解决办法或后续行动。这时是开展双方或团队成员之间协作的好时机。

与对方或团队一起合作的课题越大,纠葛或对立越严重。达到"感知"状态后,会有一种"彼此的想法都明白了,怎么进行改善"的混乱、模糊的感觉。也会感受到为了使状况好转需要承担一定的风险,不愿意放下一直以来引以为傲的东西(状态)就不会有所进展。

再看前面的案例。表面问题是妻子对丈夫的不满,并影响了夫妻关系。但是,有可能这不是解决夫妻吵架问题这么简单的事情。

梦子的问题是孩子和设计师工作无法兼顾;一郎的问题是随着市场环境的恶化,公司人员都在加班加点,自己却在家办公,内心始终感到有些羞愧。

在复杂性高的情景下,真实情况越清晰,越能发现表面问题下的束手

无策的事态。这对夫妻的情况是，虽然把孩子送长托夫妻关系会有所改善，但是从长远来看，梦子的设计师职业已进入瓶颈期，一郎也是因国际竞争和技术革新的加速，自己的价值在持续下降。这样分析下来，只能说那个对策显得很勉强，一时之计而已。

越是到达"感知"状态，越能凸显出这种进退两难的状况。但就是因为前行道路严峻，有时需要在绝望的状况下踏出这一步，这正是 U 型理论的精髓所在。

正如奥托博士提到的 leadership 的词源，有时要有"赴死"般的感觉并前进，才能将各种执着放手，呈现出过去从未有过的未来，实现变革、创新。

- 梦子将怀孕、生产的经验，巧妙运用到孕妇、产后妈妈的内衣上，在公司里创立一个新的职位。
- 夫妻俩都辞掉工作，梦子利用网店销售，建立内衣品牌。一郎负责系统，在事业进入轨道之前，他还可以作为自由系统工程师去赚钱。
- 梦子召集同时有育儿和工作烦恼的同事，一起向公司提议成立托儿所。
- 购买二代同堂的房子，和某一方的父母同住。

……

我们可以看到以上种种做法很难说出最合适的做法是哪一种。虽然自我或同一性得不到满足，并伴有恐惧，但只要踏出一步就有可能迎来新的曙光。这就是 U 型理论的精髓。

很多时候团队因为苦于太多互相之间的纠葛，所以在行动之前总会产生莫名的踌躇而始终不能跨出这一步。但是，一旦跨越这个心理障碍，就会产生对今后开展有很大影响的决策，或者出现改变场域变化的对话。不管怎样，踏出一步，便会引起场域的静寂或混沌，从而创造出正在生成的未来空间。

当达到"感知"状态，你还是无从下手时，不必急着下结论，静静地等待答案从内心涌现出来很重要。

实践秘诀

- 如果到达"感知"状态，会感受到纠葛或抵抗，此时不要想着逃避，允许它的存在，想象经过一段时间之后能出现何种状态。
- "能带来状况转变的是什么"带着这个问题持续探寻自己内心深处，找出行动的策略。
- 想象付诸行动时可能遭遇的最不好的状况，做好面对它，并能接纳的心理准备。
- 坚信一定会出现未来，带着这种想法踏出一步，迎接新的可能性。
- 当你踏出后，会出现静寂或混沌，此时不要动摇，保持住那个当下，迎接从场域出现的新的未来可能性。

［活动6］塑造原型：共同塑造实现新的未来策略

提示问题

- 与对方或团队成员达成了过去的经验中从未有过的未来可能性的共创吗？
- 产生新的创意后，自己以及场域的能量能保持高水平吗？如果有能量瞬间降低的情况，那是什么时候？
- 产生下一步具体的行动了吗？为了转变成行动，职责分工等各种实行策略探讨过吗？

解释

塑造原型重要的是，结合从结晶过程中看到的，给双方或团队带来新的可能性的画面（感觉），进行共同具化的新的方案。

到达"自然流现"状态是放下，并踏出去。必定会产生双方或团队空间的动摇，随之出现与以往完全不同的语言风格。**或许有瞬间静寂的情况，抑或有陷入混沌的情况，新的未来的可能性即将出现。**

这可能是此前从未有过的大胆想法，但很多时候想法本身并不新奇，而是在对方或者团队成员的意欲高涨，强烈赞同下采取了具体做法。这个做法或许在目前情况下并不是最好的选择，但是在全体成员的共同推动下，事情很可能迎来新的局面。

重要的是，无论塑造出什么，下一步的行动都是使之明确化，达到可以转变为行动的状态。这时，可以像日常会议一样，以语言沟通为基础创造未来的场景以及下一步行动。如果能够运用双手的智慧，用卡通人物（玩偶）或乐高等共创出未来场景也是很有效的。

实践秘诀

- 勇敢地跨出第一步，允许自己在静寂及混沌状态，共创面向新未来的图景。
- 运用好卡通人物或乐高等能看得见的东西，一起共创场景，轻松达成下一步行动的共同意愿。
- 共创意愿的方案，使下一步行动的开展得以明确，做到能转换为行动状态。

［活动 7］运行：把新的策略转为实践

和个人篇相同，现在介绍通过塑造原型看到的新的实践方法。从塑造原型到运行也需要很长时间，有时团队因为时间过长，重回下载状态，场域枯涸的情况也时有发生。

从塑造原型到实践，以及到达运行状态之后，也需要双方或团队成员一起深入场域的行动。

提高塑造原型到运行的反复试验有效性手段之一是 AAR（After Action Review，事后回顾法）。通过对之前的活动用"观察到的事情""期待的事情""改变的事情"三个观点进行回顾反思，不会因原来计划的束缚阻碍新的行动诞生。

组织规模越大，关注的重点和触发点越不同。为了理解动态复杂性，每个人都要尽可能将自身的所见所闻不做解释地由成员之间共有，这样就不容易陷入下载状态，不会导致社会场域的枯竭，就比较容易催生出新的行动。

第 6 章

U 型理论的实践：
组织篇

问题处理型组织与创造型组织

6.1

> 问题处理型组织和创造型组织的根本区别在于：前者会有意去除"不希望的事情"，后者则会使"真正重要的事情"存在下来。除此之外，二者几乎没有其他根本性的区别。
>
> ——麻省理工学院高级讲师、学习型组织创立者彼得·圣吉

浏览很多组织的网页后，你会发现大多数组织都有自己的理念和愿景。但是，我们经常听到有人说："那只不过是装饰，没有人认真思考过。""理念、愿景、公司方针、公司口号等各种标语林立，每句话意思模棱两可，很难去理解，不知道应该相信哪句话。"

更具讽刺的是，大多数组织虽然都提出了理念和愿景，但是真正践行的组织会被赞誉为"理念经营的组织"，这就好比在证明践行理念的困难性。

践行理念经营的组织和没有践行理念经营的组织，最清晰、最本质的区别就是彼得·圣吉所说的，"'创造型'和'问题处理型'的根本区别"。

大多数组织都制定目标，然后每天测定它们与现实之间的差距，追究其中的问题和原因，加以定义、分析、制订计划并付诸实施。彼得·圣吉指出，即使经历了同样的进程，仍然要分为"问题处理型"和"创造型"两种情况，原因在于其立场的不同。

陷入问题处理过程之时，当被问到"为什么要解决这个问题"时，大多数组织都会回答"营业额或利润上不去"。"为什么必须让营业额和利润上去？"他们也都会说"否则公司会倒闭"。有时，有的人可能说："这是公司

的责任，如果不提高营业额和利润，就无法给股东们创造价值。"无法给股东创造价值又会出现什么后果呢？结果只是婉转地绕开了"公司倒闭"一词。

也就是说，**陷入问题处理状况时，为了避开不希望的结果，会去除不希望的东西。**

我接到过很多希望引导有关理念或愿景方面的需求。每次问道："为何要创立理念及愿景？"一般是这样回答的。

我："为何要创立理念及愿景？"

客户："希望大家能朝着共同的目标，一如既往地前进。现在员工推诿责任，根本上组织是一个不健全的。"

我："为什么希望大家向着共同的目标，一如既往地前进？"

客户："希望提高营业额和利润。"

我："原来如此。就是说，提高营业额和利润才是目的，理念和愿景是它的手段吧？如果是那样，我感觉目的和手段颠倒了。您觉得呢？"

客户："……"

大多数企业一般都会把理念和愿景作为解决"人心涣散"这一不希望发生的事情的手段，其潜意识里的目的其实是提高营业额和利润。彼得·圣吉认为，原本作为企业生存理由及生存意义的理念和愿景，当变成一种手段时，不管它的内容有多么精辟，始终脱离不了问题处理型组织。彼得·圣吉指出，**"创造"是要使"真正重要的事情"存在下去。**这究竟是什么意思呢？

从个人层面来讲，一般会表现为价值观、信条、信念、意志、核心、梦想等。从组织层面来讲，一般会从理念、使命、愿景、行为规范、信条（经营理念）、方针等方面表现出来。概括来说，表现为目的和目标、存在意义。

但是，问题处理型组织也提出了理念和愿景的存在意义。二者的区别在哪里？

这可以被概括为彼得·圣吉所说的"使其存在"。理念并不是单纯装饰性的，而是如圆规支脚一样位居中心，不管画多大的圆，中心是不会动摇的。如果能生成一个总能围绕原点的圆，这就是"要使其存在下去"的作用。

关于"真正重要的事情"的理念，我经常讲的一句话是："如果公司违背了经营理念，能毫不犹豫、义无反顾地亲手关门不干，那么越有这种意识的公司，越说明在真正践行理念。"

在真正践行理念的公司中，有一家专营户外用品的巴塔哥尼亚公司。他们的使命宣言是："制造最好的产品， 把环境污染控制在最小范围，利用商业手段敲响环境危机的警钟，进而去解决它。"

这个使命宣言在其日本分公司也是渗透至各个角落，处处都能感受到它的存在。

创业者伊冯·乔伊纳德作为"身体力行"的实践者为大家熟知。"身体力行"，即平时说的价值观和行为不背离。可以说，伊冯·乔伊纳德的这种态度，是使这个理念渗透整个公司的重要原因。

他的这种"身体力行"态度背后，有一个令人印象深刻的故事。

当大多数公司还在制作企业社会责任（CSR）报告时，巴塔哥尼亚公司就开始了是不是应该公布 CSR 的讨论。

当时，伊冯·乔伊纳德对于发表 CSR 并不持积极态度。在决定 CSR 方向性的会议上，公司提出了关于保护地球环境的活动业绩方案。通看一遍后，他说："我问大家，巴塔哥尼亚对环境造成的最大的恶劣影响是什么？"一位员工说"生产衣服"，然后伊冯说："如果是这样的话，公布造成的影响就是我们企业的责任。"由此，巴塔哥尼亚公司决定将环境负担透明化并公布于众。

以此为契机，公司成立了足迹（The Foot Print Chronicles）网站。在网站设立初期，各种产品在制造过程（从原材料到仓库）中的用电量、用水量、产品的移动距离、废弃物量、二氧化碳排出量等被测定后并公开。

现在是以"为消减工业规模社会/环境的恶劣影响，坚持供应链透明性原则"为目标，供应链的现状和问题都予以全部公开。

大多数企业为树立品牌形象和提高销售额，在 CSR 方面更愿意着眼于宣传参加的慈善活动，提高企业的知名度等。伊冯的做法按照商业常理来说，简直就是"自杀行为"。

因为，对于倡导环保理念的公司，巴塔哥尼亚公司的环境负担透明化，意味着比其他公司同样的信息公开更加意义重要。环境负担透明化后，如果得不到改善，会变成"徒有虚名"，极有可能降低公司信誉。

如果环保业绩用 CSR 报告的方式发布，那么不仅对公司品牌树立、促进销售有利，即使消费者更加期待 CSR 今后在环保活动方面的动向，也不至于关心到具体的承诺。但是，公司公开环境负担数字，意味着向消费者宣誓将持续进行减少环境负担的活动，如果不守信用，将会对公司带来极大的风险。

不仅如此，从销售额和利润提高的观点看，环境负担透明化也是一种颇具风险的尝试。因为，越减少环境负担，成本上升、销售价格上涨的可能性就越大。公司一般会追求"更好的产品、更低的价格"，而原料成本上涨，意味着将公司置于极其危险的境地。

背负着如此大的风险，公司提供的环境负担数字公开化，"作为环保经营被人熟知的巴塔哥尼亚公司，都有这么大环境负担，可以想象其他公司对环境造成的负担会更大"。

但是，这样的做法会提高消费者的环保意识，会更关注其他公司的环保问题。这种意识越强，对其他公司进行环保的意识造成的影响也就越大。

从这种角度看，巴塔哥尼亚的做法不仅与其提出的"制造最好的产品，把环境污染控制在最小范围"和"利用商业手段敲响环境危机的警钟，进而去解决它"这两个使命宣言完全一致。而且，将数字透明化的做法，正是让"真正重要的事情"存在下去的真实体现。

让"真正重要的事情"存在下去 6.2

到现在为止，介绍了"真正重要的事情"以及真实存在和徒有虚名的区别。那么，如何让"真正重要的事情"存在下去呢？答案是经历 U 型过程的实践。

理念和使命不只是形式，要想让"真正重要的事情"存在下去，要看"真实的想法"能否结晶。

"说得好听，实际没做到"，是因为优先考虑了自己利益的"小我"，即利己主义占据了自己。与此相对，**跨越"小我"，连接到"大我"时，才会自然想到这对我来说是"真正重要的事情"**。那种体验越深，越会觉得"小我"是伪我，"大我"才是真正的自己，不想欺骗自己的感觉会更加强烈。

那种自然流现和结晶的体验，会连接到"真正重要的事情"，产生"使其存在的欲望"。

在《让我的人去冲浪——巴塔哥尼亚创业者的经营论》(伊冯·乔伊纳德著，东洋经济新报社)一书中提及了产生那个理念的故事，那正是一个 U 型过程。

巴塔哥尼亚公司自创业以来，一直以 30%~50% 的年平均增长速度而自豪。但随着 1991 年的美国经济不景气，公司也受到了影响。公司陷入不得不解雇 20% 员工的窘境。

陷入这样的危机时，伊冯带着十几位高管一起攀登了阿根廷巴塔哥尼亚地区的山丘地带。在徒步荒野时，每个人都自问"为什么从事这份工作、准备将巴塔哥尼亚公司打造成怎样的公司"。然后展开对话，谈论吸引员工选择巴塔哥尼亚公司，而非其他公司的共通文化。回国后，根据当时的谈话公司形成了新的理念。

当伊冯跟高管探讨这个理念时，他才恍然大悟，35 年来自己从事这份工作的原因是"希望巴塔哥尼亚公司能成为正在寻求环保经营并持续下去的楷模"。

新的理念对巴塔哥尼亚来说是"真正重要的事情"。"希望能成为楷模的公司"，这个想法是伊冯认为的"真正重要的事情"的结晶产物。

巴塔哥尼亚公司陷入经济危机时，到达了与原来做法相冲突的层次 3 "感知"状态，带领公司高管一同进入巴塔哥尼亚自然山区，又是进入了层次 4 "自然流现"状态。之后"结晶"出的新理念作为伊冯的想法"真正重要的事情"出现。到现在这个理念还如磐石般坚固。

这样看，巴塔哥尼亚确实经历了一个 U 型的过程。"真正重要的事情"是结晶后的产物。

运用 U 型过程进行实践的凯丝美公司的事例，也可以看到类似的情况。

营业部和市场部一直对立状态，通过工作坊进入深层的"自然流现"

后，出现了非常"理所当然"而且"真正重要的事情"，即"营业部和市场部的人员一起去现场倾听客户的心声"。付诸行动后，业绩直线上升的事实也再次证明了它的价值。

对于追求营利的企业，"客户至上""倾听客户的声音"，人们都不会提出反对意见，但是，他们能否真正以"客户为中心"来考虑问题呢？

工作坊之前的凯丝美，如果社长用上意下达的方式命令"营业部和市场部一起去客户那里倾听客户的心声"，应该是根据指示去做了，但那是被动的，只能持续一段时间或者虽然持续在做，但是并没有全身心投入。

U 型理论所传达的不是表面的口号，**而是"真正重要的事情"，以鲜活的生命般存在的状态呈现出来。**

自然流现之后是愿景和意图结晶出来的状态，得出"真正重要的事情"。这不是经历一次 U 的过程就大功告成了。随着时间的推移，"倾听客户的声音"会变成形式化，脱离轨道的情况也可能出现。这时需要再次进行 U 的过程，对想法进行更新，回到原点等，再次"使其存在"是非常重要的。彼得·圣吉的"使其存在"，就是很好的归纳。

仅仅是"存在"，其效果是有限的。"使其存在"下去的动机才能使之与创造进行连接。U 型理论能让"使其存在下来"成为可能。

组织中 U 型过程的实践秘诀 6.3

组织或社团在实践 U 型的过程中，考虑到人数、时间和室内外物理环境等各种因素，会运用不同的手法。所以，很遗憾，我们并没有"只要按照步骤操作，就能完成 U 型过程"的手册。

感知场域的状态和趋势，从即将出现的未来塑造原型，有时需要即兴生成、随机应变的能力。

现在我们就如何具备随机应变的能力、如何组合已有方法的大致流程及实践要点予以介绍。参照图 6-1 所示的组织或社团的规模，我们设定 20 人以上在一起讨论。

组织或社团的规模控制在 10 人以下，他们的出谋划策是最有效的。如果是 20 人以上的规模，任其自由发挥的话，要么什么都开展不起来，要么陷入无秩序状态；如果对他们进行控制，表面上对话正在进行，实际上是在"下载"状态，得出的结论大家都没什么感觉。即使有好的结果，也是集中在少数几个人，很难将其转换成强有力的行动。

如何发挥人多的优势，培养场域，轻松迎接即将出现的未来，做到有激情、有创造地塑造原型？现在我们介绍在各个活动中应该关注的要点。

[活动 0] 培养自己（干预者）的社会场域，准备介入

实践重点

- 实践个人 U 型过程，培养自己（干预者）的社会场域。

- 在正式开始前，保证有充足的时间与主办方对"希望出现怎样的场域、希望出现怎样的结果"进行对话，为即将形成的场域的愿景和意图进行结晶。

解释

奥托博士谈到在创建 U 型理论时，受到很大影响的人物之一是汉诺威保险公司原 CEO 比尔·奥布莱恩。他为促进企业变革，长期致力于组织学习项目。他认为，一项干预措施的成败，取决于干预者的"内在状态"。

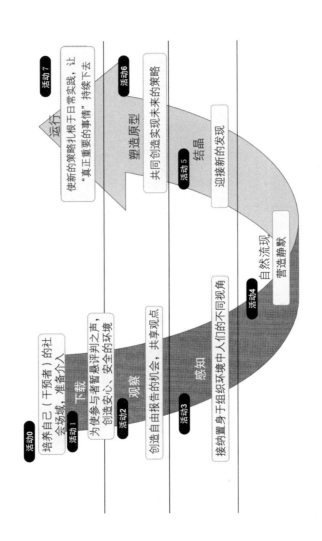

图 6-1　U 型理论的实践（组织篇）

我们往往为了改变对方或现状，拼命试图影响对方。暂且不去讨论这种干预的方法。**制造场域的人的"内在状态"，也就是说，社会场域的状态决定你的干预是否成功。**

简单来说，当你处于下载状态时，你所在的场域必定会呈现下载状态。

例如，一个无法倾听他人说话的人，即使担任引导师，也会让周围人感觉受到约束，缺少参与承诺的热情，讲的话也是引导师期待的话语。结果，会议的结论虽然很漂亮，但是没有人真心参与，所以无法采取行动。另外，他也会给人一种被指使的感觉。所以我们日常社会场域的培育非常重要。

另外，在开展大型活动之前，与主办方（制造场域者）进行对话，对期望达到何种场域的愿景和意图结晶。这不仅是凝聚主办方，还是创建一个邀请大家在即将出现的未来情景里谈话的场域，所以事先的准备非常重要。

实践秘诀

【报到】

从已经做好准备的人开始发言，用 1~2 分钟的时间讲述有关"你现在正想的事情、感觉到的事情"。一个人在说话的时候，其他人不要说话，只是聆听。

进行报到，让大家有一种轻松展开对话的心理准备。

【放空】

在进入讨论的场域之前，如果主办方有放不下或者有什么困惑的事情，要事先说出来。如果不说出来，而是带着这些问题进入场域，稍微有点刺激就很容易陷入下载状态。

为了防止这种情况发生，可以吐露担心的事情或困惑，营造轻松的氛围，进入层次 2 "观察"状态，这会让你更加敏锐地关注到周围的状态。什么是放不下的或困惑的？可以是与场域有关的，也可以是自己私人的事情。

但是，如果把所有的都说出来，时间再多也不够用。况且，人们很难把自己的隐私全部说出来。所以，只要说："昨天我儿子发烧了，我不能照顾他，心里觉得很难过。"再有："听见参加这次活动的某某说'讨论不会起作用'，担心其是不是怀着一种抗拒的心态。"总之只要说出对什么表示担心或在意就行。另外，其他人只需倾听。

"放空"很重要的一点是，**把一个人闷闷不乐的心事用语言表达出来，从而让其能够从中得到解脱。**直到全部说完，倾听者通过"还有呢"的提问方式帮助对方全部讲完。人数不多时，可以每个人轮着发言；人数多时，在时间紧张的情况下，可以两人一组，通过角色互换，互相放空。

【对场域愿景和意图的结晶】

希望对话场域是什么状态？希望有什么成果？与主办方进行对话，**重要的一点是，主办方的愿望用一句话结晶出来。**这句话对主办方来说就是"真正重要的事情"。只有围绕这个中心，才能让我们在陷入下载状态时及时返回到正轨。

如果是连续几天的工作坊，或者是持续期间更长的项目，那么明确每个团队成员通过这个项目希望得到怎样的成长是很有效的。

如果每个人都认识到个人的成长和学习只有通过对场域的贡献才能做到，那么大家对场域的参与度就会提高。因此，通过将每个人的意图共享，逐步找出共同点，将对话的场域愿景和意图结晶出来。这些结晶出来的语言，能够比较容易激发出所有团队成员的参与热情。

[活动 1] 下载：为使参与者暂悬评判之声，创造安心、安全的环境

实践重点

- 为缓和对话场域的紧张气氛，充分准备会前沟通。

- 从进入会场到开始对话，主办方需要做好营造气氛的准备工作。

- 为缓和人员的情绪，有意识地安排座位。

解释

开始对话时，参与者会有不同程度的担心，从而处于下载状态。特别是人多时，人际关系会更加紧张，参与者甚至不知道自己处于下载状态，完全陷入"过去模式再现"的情景中，感觉到的多是评判之声。

如果以这种状态开始对话，大家就很容易产生抵触行为，说一些不痛不痒的话，或者看情形说话，甚至出现对抗态度。会议长时间不能脱离下载状态的重要原因就源于此。

这种下载状态，大多数都是因为存有"要更好地表现""不能让大家看到自己不好的一面""担心周围人是怎么看自己"的心态。为了掩饰紧张，为了不和他人目光接触，有的人会找人说话，有的人会一直看手机、电脑等。另外，还有的人为了避免表现出不适合这个场域的行为，表面上会故意做出对会议内容感兴趣，想知道"会议的目的是什么、要得出的结论是什么"的样子。

特别是有的人出于人际关系上的担心，希望弄清楚目的和结论，在这一切明了之前容易持续，或者不仅不容易走出下载状态，反而可能更加强化。这一点要值得注意。

为让参与者轻松参与，同时避免由于担心进入下载状态而难以自拔，现场的安排固然重要，会议前的沟通更是重点。

为提供安心、安全的参与环境，让参与者每个人消除自己的疑问或困

惑，不被"不知道这个会议的目的"的评判之声所影响，不会过分感觉到人与人之间关系的紧张，创造让人集中思想的场域很重要。

实践秘诀

【事先访谈】

如果讨论的是敏感问题或者参加人数较多，那么为缓和这种状态，主办方或引导师对参与者进行事先访谈是有好处的。如果参加者有很多，那么可以对其中 20%的人员进行事先访谈，当这些人提升场域质量时也会影响到整体。

事先访谈的重点是，要倾听参与者怎样看待对话的场域和期待的状态，而不是把引导师或主办方的意见强加给对方。

事先访谈的主要目的是，提升参与者的参与意愿，收集信息是次要目的。因此，关键是让参与者感觉到"自己说的话被重视"。必要的话，分享会议的意图等也会起到积极作用。

如果在事先访谈时提出以下问题，对话将更容易深入：

- 对于会议的主题或目的，您是怎么理解的？
- 提供一个怎样的机会，会让参与者觉得参加这个会议是值得的？
- 会议结束时，期望创造出一个什么样的状态？
- 对于创造那种状态，您关心的事情是什么？希望做出什么贡献？

【邀请函】

为使会议现场不出现关系紧张的现象，主办方制作邀请函并分发给全体参与者是不错的做法。

在邀请函上要写上会议的目的、日期及地点等信息，要间接地表达出与其他会议的不同点，要表达出这是一场饱含主办方温情的会议，因为这才是会议的主要目的。因此，不要以邮件形式来发邀请函，而亲手制作的、能引人入胜的实物邀请函有更好的效果。

【贺卡】

进入会场后，在会议没有开始时参与者会出现无所事事的状态。很多人会选择玩手机、看电脑，装模作样地忙碌着等。

营造一个即使无所事事、不用刻意找人说话也不会显得无聊的氛围是很有帮助的。可以制作含有自我介绍以及通过这次会议希望得到的收获的贺卡并贴在墙上，与大家分享（见图 6-2）。

图 6-2　示例一

通过墙上的贺卡，了解了其他人抱有怎样的想法参加会议，自己就容易安下心来。而且，对于有很多人参加的大型活动，这种方式也会缓解紧张情绪。另外，面对墙壁看着贺卡时人也会集中精力，不用刻意去接触他人，每位参加者都得到了放松的空间。

玩手机、看电脑会给人一种负面消极的感觉，一种紧张感。而正在看贺卡的人，却给人一种正面积极的感觉，和周围人也很容易自然地融入。

【咖啡空间】

准备一个能提供自助茶点的咖啡间，摆一些甜点，让人感受到放松的同时，还能在倒茶时和旁边的人打招呼，和原本认识的朋友也有聊天的场所，这也是缓和紧张情绪的一种方法。

[活动 2] 观察：创造自由报告的机会，共享观点

实践重点

- 设置自由报告（TED）的机会，确保参与者对现场的感受畅所欲言。
- 将 TED 的内容全体共享，容易进入层次 2 "观察"状态。

解释

开始讨论时，参与者会被过去经验中的各种观点和想法所束缚，处于下载状态。为从中解脱出来、尽快进入观察状态，主办方提供一个安全释放各自观点和想法的机会是一个不错的方法。

为了使参与者说出平时不太考虑的事情，或者不让人有被强迫说出的感觉，主办方可以根据会议的目的及主题，提供一个自由报告的机会。

TED 是 Tell（传达）、Explain（解释）、Describe（描述）三个单词的首字母。鼓励参与者把想到的事尽可能多地分享出来。例如，刚开始不要立刻进入议题，可以说："在开始讨论主题之前，先把你想了解的、期待的、关注的事情在便笺纸上写下来，可以吗？"类似这种形式，可以让 TED 成为可能。

便笺纸上的内容由小组或全体一起共享都是有效的。它可能给你一个意想不到的启发，可能让你更容易进入"观察"状态，或者让你发现不仅是你自己，其他人也有同样的想法，从而容易进入"感知"状态。

实践秘诀

【TED 的做法】

主办方看着每张便笺纸上大家留下的信息，让参与者表达对讨论场域和主题的想法、感觉。提问和分享的时间，可以根据情况决定。如果有足够充裕的时间，建议预留出让参会者把脑子里东西全部放空的时间。

不仅是便笺纸上的内容，头脑中的原有东西同时放空，对于如何脱离下载状态是很关键的。

提问实例：

"对这个讨论场域，你的真实的想法（期待、担心）是什么？"

"对于讨论的主题，你的真实的想法、考虑、意见是什么？"

【TED 的共享】

在便笺纸上写完各自的真实想法或意见后，进入所有人共享环节。值得注意的是，要一张张地边读边贴。

即使写了多张便笺纸，一次也只能贴一张。一圈循环之后再贴上另一张便笺纸，按顺序再次进行一个循环。

如果便笺纸不读就贴上去，其他人很容易用下载方式处理上面的内容。而且，用一张张分享的方式，听的人会对内容产生兴趣，"啊，原来还有这种观点"，会去检索被忽略的有关自己过去经验的信息，更容易进入"观察"状态。

另外，不是一次性读完、一次性贴完自己的便笺纸，这样是为了防止有"我的已经分享完"的感觉，避免自己紧张地看着其他人张贴便笺纸。这样更容易保持在"观察"状态。

[活动 3] 感知：接纳置身于组织环境中人们的不同视角

实践重点

- 想办法使参与者就像自己亲身感受一样，体验到在组织·社团的环境中，各种立场的人的状况和心情。
- 并非意见或主张，共享站在各种立场上人的故事。

解释

组织的规模越大，社团的范围越广，越容易形成动态复杂性和社会复杂性。那是因为立场不同导致无法相互理解，持续下载的状态，最终导致组织或社团的衰败。避免由这种复杂性引起的失败，成为具有创新性的组织，我们需要到达层次 3 "感知"和层次 4 "自然流现"的状态。

为了轻松到达层次 3 "感知"状态，组织或社团拓展空间范围，站在不同的立场是有帮助的。

凯丝美公司的营业部和市场部，长期以来只关注自己看到的，缺乏彼此的理解和共感，以至于一起去拜访客户都无法做到。但是，通过参与双方听到了不同立场的声音，从对方的视角、从一直处于势不两立的营业部和市场部夹板中的总务经理的视角，看到了自己以及现状，从而到达了"感知"状态。这是拓宽空间、转换视角的状态。

在凯丝美公司的事例中，所引入的视角仅局限在公司内部。**越是引入客户、交易对方、当地居民等各种视角，动摇就越大，就越能接收到可持续发展的应采取的措施。**从拓展时间来看，能够置身于过去或者未来的时间点看待事物也是有效的。

我曾参加过倍乐胜公司的早会。福武总一郎会长以"无法忘记倒闭经验"这一主题，阅读了父亲福武哲彦创业时的日记。

日记里记录着倍乐胜公司的前身福武书店之前的公司，创业者是抱着怎样痛苦的心情面对公司倒闭的。福武会长虽然是念给大家听，但对于员工来说，是一次切身感受创业者如何经历痛苦，又如何发展到现在的倍乐胜公司的。这是使员工置身于过去，感受到当时人物身上的痛苦后，会改变对现在状况的处理方式的案例。

相反，如果能置身于未来某个时间点、某个人的视角，模拟体验到可能发生的未来，自己或他人就能想象出并真实感受到那个场面。因此，未来预测或可能发生的事件以故事形式表现出来也是很有效的。

经常可以看到专家用数据预测未来。这时，信息接收者容易从"下载"状态转换至"观察"状态。当我们把预测到的未来用故事表现出来时，参与者就能真正感受到还没发生的未来的场景。这就是，接纳置身于未来某个时间点的人的视角的"感知"状态。

预测未来以故事形式表现，帮助到达"感知"状态的书籍、小说有很多。其中一本书讲述的是我们未来工作方式的，即《转变：未来社会工作岗位需求变化及应对策略》（琳达·格拉顿著）。

这本书用讲故事的方法介绍了影响未来工作方式的五种趋势（技术发展，国际化，人口组成的变化和高龄化，个人、家庭、社会的变化，能量和环境问题）可能导致我们的生活和工作方式的转变。

接纳置身于组织环境中不同立场的人的视角，其原理与第 4 章介绍的大致相同。关键是如何使参与对话的所有人倾听和自己不同立场的人讲的故事，并能够对那些故事产生带有情感的体验。

实践秘诀

【讲故事】

讲故事是指一个人把自己的体验以故事形式讲述出来，其他人作为倾听者的一种简单的手法。在跨越社会复杂性高的状态下要活用讲故事。不同的利益相关者作为发言者，以当时的立场、职责讲述自己的体验，其他利益相关者作为倾听者。

现在，以株式会社 Human Value 讲故事的方法为参考介绍它的步骤。

① 发言者讲故事

发言者将自己的体验用讲故事的形式讲述，每个故事 12~15 分钟。

② 倾听者记录笔记

讲故事的时候，倾听者要把发言者的话逐条记录下来，不能有遗漏，也不能只摘录重点。只有使用记笔记方法，才能保证倾听者不陷入"下载"状态，保持在"观察"状态。看到倾听者在"观察"状态倾听，发言者才会消除紧张感，容易脱离"下载"状态。

③ 倾听者的反思

12~15 分钟讲故事结束后，用 3~5 分钟进行反思，以确保有时间回顾。记录下发言者希望传递的信息，以及自己的感受。

④ 倾听者复述故事

把发言者的故事重新复述一遍，而且要把自己的感受分享给大家。

倾听者将自己记录的笔记、发言者想传达的内容和自己的感受真实地表达出来，让发言者的故事重现，与其他人共享。

在参加人数多的情况下，将 3~4 人分为一组，进行小组分享，发言者为小组所有成员。在复述故事时，即使听相同的话语都没有关系，因为每个人感受不同，或许会得到新的观点，轻松进入"观察"状态，有时甚至会到达"感知"状态。

发言者在听到倾听者复述时，会明白别人是如何理解自己的话语的，也许得到和自己不同的观点，轻松进入"观察"状态。又或者，颠覆原来的体验或感受，直接进入"感知"状态。

⑤ 对话

人数多的时候可以分组，人数少的时候可以轮流发言。这个时候不是对发言者的故事进行意见交换、解释或讨论，而是共享这个过程中自己的感受、对人生的感悟。通过分享，容易使发言者和倾听者对自己的经验和人生进行意义构建，更轻松进入"感知"状态。

【感知之旅】

感知之旅是指亲自到发生问题的地方，站在当事人的角度亲身感受现场的状况，从"观察"到"感知"的方法。

在动态复杂性高的情况下，越是不在现场的讨论，越容易停留在"下载"或"观察"状态，往往最终只能解决表面问题或者最终得出一个留有隐患的结果。很大原因是，只以人们口头传达的信息为依据处理现场状况，无法抓住用语言无法表达的现场感受。为避免发生上述情况，达到深层次的"感知"状态，最本质的解决策略是感知之旅。

一般的视察现场与感知之旅的不同之处在于，前者是为收集现场的信息以及在场人的意见，容易停留在"观察"状态。感知之旅的目的是除此之外，还需要倾听在场人员真实体验到的积极故事或者消极故事，从而轻松进入"感知"状态。

听故事、听置身于现场的人述说其中的喜怒哀乐、穿上现场人的鞋子、站在他人的角度等都是很重要的。

【感知工作坊】

这是不能采用感知之旅的情况下，用简单方法站在当事人角度的手法。尽量让不同的利益相关者，将从他们的视角实际捕捉到的具体的积极故事以及消极故事手写在 A4 纸上。

可以记录有关这个活动场域的话题，也可以记录与环境中相关的任何事情。

记录故事时，重点是写出活灵活现的故事情节（见表 6-1）。抽象表达很容易被下载处理，对倾听者来说没法产生感觉，很难进入"感知"状态。

表 6-1　感知工作坊的故事示例

	不好的	好　　的
积极的故事	新商品销售情况良好	新商品的热销致使库存不够，到客户处表示歉意时，客户表示，"我买你们家商品并不是根据你们家商品是否热卖，是因为相信你才买的"
消极的故事	年轻人的态度不好，动不动就生气	有个年轻员工连续几次都没能在规定时间内把资料提供给客户。在受到严厉批评之后，他竟然对我翻白眼，用力踹文件柜，结果柜子都坏了

积极故事写在粉色的 A4 纸，消极故事写在蓝色的 A4 纸上，一张纸上写一件事。活动现场一分为二，把写好的纸分别平铺在地上。然后让参与者边阅读纸上的故事，边缓缓移动，沉浸于故事情节中去体验那份感觉（见图 6-3）。

不要去想那个故事是怎么来的，是属于什么类型的，重要的是去体验故事主人公所表达的情感。

图 6-3　示例二

【木偶人工作坊】

木偶人工作坊是用木偶人把组织的人以及与他们有利益相关的人的心境表达出来。给木偶人摆出各种姿势，在有对话框的白纸上写下对话内容，彼此之间的感情就会浮现出来，能更生动地呈现沟通状况（见图 6-4）。

图 6-4　示例三

把摆着各种姿势的木偶人和写有对话内容的纸张放在地上，然后站在木偶人旁边，做和他一样的动作，来模拟体验。通过从那个位置感受和其他木偶之间的距离感、摆出姿势时心里的想法，去体会那个立场上人的感受。然后站在其他各个木偶人旁边，从不同的角度去模拟体验它们各自的感受。这样能够多角度亲身感受自己所处的状况，帮助自己到达"感知"状态。

[活动 4~5] 自然流现和结晶：营造静默，迎接新的发现

实践重点

- 一有机会，就营造静默时间，让所有人后退一步观察。
- 静默中涌现出来的景象，准备表达道具。
- 对于偶然发生的事物，也要留意帮助其接收。

解释

组织的复杂性越高，在进行活动 3 时，感知的状态越深，越不容易找到答案，越容易产生焦躁和郁闷的感觉，陷入顾此失彼的状态，从而产生矛盾。

在这种混乱、混沌的状态下，即使想达成某种共识，由于过往经历的不同致使观点相左，意见不统一，陷入困境的可能性也很大。为了穿越这种混乱、混沌，迎接过去经验中没有的洞见，U 型理论使用了静默。

亚当·卡汉说："应该在适当的时候设置静默时间，哪怕是 1~2 分钟的时间。"人们在静默时，会让混乱、混沌的心情、郁闷感消失，容易轻松放下，去寻找答案，更容易迎接新的发现。

其次，可以在对话中插入静默时间，也可以在一周内不说话，独自一个人度过。时间和地点根据情况进行设定，而活动 3 已经进入很深的"感

知"状态，最少需要 0.5~1 小时的静默时间。另外，很重要的是，提供能自由出入的场所；如果能在大自然中度过，就会有更好的效果。

静默结束时，对自己内在涌现出来的东西要想办法让其结晶。几分钟静默时，用语言就可以将感受表达出来。长时间静默时，要穿越过去模式的思考壁垒，要提供能帮助开启双手智慧的工具和机会。

此时，**不是用大脑思考，而是通过双手，凭直觉将感知到东西呈现出来，之后再去探索其中的含义。**运用这种方法，可以从正在生成的未来开始学习。

实践秘诀

【短时间的静默】

当谈话处于来回兜圈子、反应式的持续回答、讨论处于停滞状态时，在其中安排 1~2 分钟的静默时间，会让场域发生变化。注意，不是让大家休息，而是让所有人都进入静默状态。

此时，加入"一点时间，无须进行想法归纳、分析，只是缓缓地深呼吸，就好比眺望云彩般感受自己心中涌现的想法和感觉"的环节，会更有效，更容易放下拘泥于自己的想法和思考的状态。

用铃声表示开始和结束，告诉参与者："铃声一响，有意识地关注内在涌现出来的东西。"有些人听到铃声会对本来模糊的感觉豁然开朗，增加了扩展空间的可能性。

【独自静默】

短时间的静默是在当时场域下静止进行的，独自静默可以在室外，能自由活动。和短时间的静默相似，独自静默要创造一个能让自己内在涌现出来的空间，关键是不要与任何人说话，手机或邮件等和外部沟通的工具都不要去触碰。

独自静默时间到底要多长，可视情况而定。一小时以上的静默，一般在大自然中度过，会非常令人欣喜。

独自静默时，重点不是去思考，而是深深地去体验自己内在涌现出来的东西。另外，当你既关注自己的内在，也关注外在发生的事情时，容易生成"同时性原理"的信息或与他人之间的交集。

【黏土工作坊】

独自静默结束后，在结晶的过程中，尽量不要用脑思考，要充分利用"双手的智慧"。能流利地用语言表达的状态，很可能是从过去经验中学习的。从正在生成的未来表现出来的，很多是朦胧的感觉或图像。所以给它们塑型是最重要的。

塑型的手法之一是黏土。与陶艺家一样，首先有个大致构思，然而不受其限制，任凭双手的感觉去创作。不是刻意要制作优秀作品，是双手动起来揉土、造型，不管是怎样的形状都无所谓，因为不关心作品的完美度。

任凭双手揉土成形后，大家一起讨论这个黏土的形状给我们的启发是什么，那种形状有什么含义，找出过去经验中没有的新的含义，迎接正在生成的未来的学习。

【纸·工作坊（直觉的绘画）】

代替黏土的，还可以是纸和笔。静默结束后，还是保持不说话的状态，拿出纸和笔，任凭双手画图或花纹等（见图6-5）。

用平常不习惯使用的手拿笔，会放下要画好的想法，更容易发挥双手的智慧。画好后，给作品起个名字，以表达对作品的直觉感受。然后拿着作品，与其他人分享，讲述它的含义。使用黏土和纸，本质目的和效果是一样的。

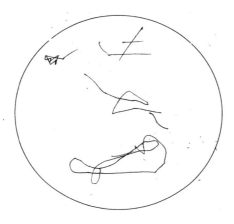

图 6-5　示例四

【视觉探索卡】

视觉探索卡是把图片或照片，打乱摆在地上。静默之后，凭直觉选择一张图。拿着这张图与他人分享它的含义，从正在生成的未来中寻找新的启发。

[活动 6] 塑造原型：共同创造实现未来的策略

实践重点

- 将结晶出来的灵感创意具体化，采用自发的方式召集共同创造者。
- 自发组成的团队成员一起动手，快速塑造立体模型。
- 每次制作模型，从周围的利益相关者中得到反馈。

解释

塑造原型是对结晶过程中出现的灵感创意给予具体化的过程。

特别是在 U 型理论实践中，要对一些复杂性高、涉及多个利益相关者的问题展开时，塑造原型往往是多人共同完成的。

从这个意义上说，在塑造原型时要考虑的问题是："以正在生成的未来结晶出的灵感、创意为基础，如何使更多的人共同创作并带动利益相关者参与进来，共同努力完成具体化的过程？"

另外，组织在解决问题时，三种复杂性越高，围绕问题的谁对谁错越容易产生对立。只限于语言的沟通，要想达成共识需要比平时花更多的时间。为跨越这个障碍，U 型理论的塑造原型主要推荐三个做法。

① 自发组成团队。

② 用双手即兴搭建立体模型。

③ 搭建模型时，每次都征得周围利益相关者的反馈。

制作新的商品时使用制作模型的方式并不稀奇。启动无形服务或变革项目、解决抽象度高的问题时，运用模型是 U 型理论塑造原型的特征。无形服务、变革项目的问题解决后的状态以及抽象度高的问题解决后的状态等用模型表现出来，更容易达成团队内的共识和共鸣。

以"自发的形式"组成的团队成员与周围的利益相关者共享塑造模型的过程，能减少仅通过语言沟通而造成的误会，效率会更高。

实践秘诀

【自发组成团队】

参与者在结晶阶段看到创意写在 A4 用纸上，在会场一边慢行，一边寻找有相似想法的人。想法相似、方向性相似的人员自发组成团队。通过这种方法能提高团队成员对自己创意项目的参与热情（见图 6-6）。

图 6-6　示例五

在团队组成时，分享自己为什么想要以这个想法为契机，通过这个想法可以使什么成为可能等，共享创意的画面，让大家对你的想法形成一个大致的理解。

这个时候，没有必要对分享的想法进行全部理解。重要的是，在对于方向性有分歧或者感觉差异太大时，可以离开这个团队，转而参加其他团队，这也是非常重要的。

【初步塑造原型】

与自发组成团队一起进行初步的塑造原型。在这个阶段形成的原型，是项目完成后的、团队希望成就的状态的作品。

由于团队刚刚组建，如果不是以最终状态，而是以如何推进项目来开始讨论的话，那么由于各自的经验不同，意见无法取得一致，很可能塑造原型本身就难以推进。因此，我们从想象最终的状态开始来调整前进的方向。

在完成这个初步原型时重要的一点是，在塑造原型的过程中，不是先进行语言上的交流共识，再去创作，而是创作和交流同时进行。也就是说，手上拿着创作材料，在说出自己想法的同时，其他人也一起补充材料。在这个时候，使用的创作材料可以是自己的身边物品。例如场地周围是自然环境，也可以找来树叶、树枝作为创作材料。另外，可以使用书画用纸等文具，通过剪贴来完成作品（见图 6-7）。

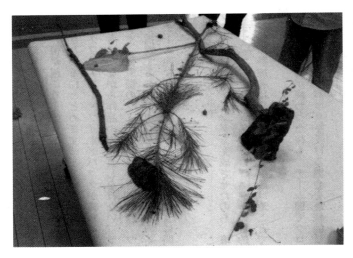

图 6-7　示例六

初步塑造原型的目的，不是创作漂亮的作品，而是与团队成员共享作品。所以在准备材料的时候，重要的不是创作者的作品是否漂亮。

【探询/反馈】

初步塑造原型之后，立即创造从其他团队得到反馈的机会。完成作品的团队（陈述团队）向其他团队（反馈团队）简要说明自己作品的各个部分分别意味着什么。

反馈团队首先对作品中不清楚的地方进行询问，陈述团队进行答疑。询问答疑结束后，反馈团队再次探询，以促进陈述团队发现新的可能性。

促进发现新的可能性的探询，例如，"如果把这根树枝移到这个位置，会有什么样的影响和变化？""如果这块石头没有了，会怎么样？""如果这里的高度增加一倍，会发生什么情况？"等等这类问题。陈述团队不对探询作答，而是把问题记录汇总起来。

在探询/反馈结束后，以反馈团队的探询为参考重新调整作品，将初步成型的作品精细化。一般的反馈是，以反馈方提出意见或者指出问题点为中心进行，这里的探询/反馈则以促进团队内部的新发现为特征。

【行动计划】

在完成初步塑造原型后，就要制订将策略推动到下一个阶段的行动计划，包括项目名称、项目目的及概要、团队成员的名字等。

通过给其他参加者表达的机会，各相关方更容易参与进来。

对话结束以后，设立团队之间随时报告项目进展情况的机制，设定持续接受反馈的机制，也有利于塑造原型品质的提高。

[活动 7] 运行：使新的策略扎根于日常实践，让"真正重要的事情"持续下去

实践要点

- 始终围绕改善进行讨论，为了不使社会场域干涸，将对话机制植入日常工作程序中。

- 静默与反思日常化。

- AAR，构建接受组织内外反馈的机制，创造促进觉察和反思的机会。

解释

塑造原型和运行之间很明显的不同在于，后者是新任务的构建和导入的阶段，向实际运用阶段的过渡。如果没有定期的运用，就会导致任务无疾而终，或者试错过程一直持续，不论这个持续的时间多长，都停留在塑造原型阶段。

在从构建和导入阶段过渡到运行阶段并且进行巩固的过程中，在多数情况下，提出项目方案、将项目带入导入阶段的团队成员可能会逐渐离开，转由实施的人员接手。

这个处理方式着眼于社会场域这一点上，与通常使用的方法有很大不同。在多数变革项目中，一旦进入运行阶段，被认为要做的只是在方式方法上的优化，认真地推行 PDCA 循环。方式方法上的优化固然重要，但在很多情况下，在持续实行下载的过程中，随时间的推移，失去了当初项目导入时的能量，最终会被当作简单重复的工作，或者缩小规模以取得平衡。这样不仅孕育不了创新，甚至可能成为创新出现的桎梏和枷锁。

所以在运行阶段，重要的是让"真正重要的事情"持续存在下去。因此，这就要求日常对话的文化和习惯扎根于组织和社团，在运用机制上社会场域得到耕耘，维持总是能够达到层次 4 的"自然流现"状态，作为使之得以持续的手段。

从 AAR 到建立从组织和社团内外广泛接受反馈的对话机制，促进以觉察和内省为基础的对话等，这些都显得尤为重要。

结　语

集体领导力的可能性

1. 社交媒体与集体领导力

到目前为止，我们介绍了 U 型理论背景。U 型理论到底是什么？如何才能更好地实践？就我的理解而言，U 型理论是作为超越三种复杂性的路标呈现给世人的。U 型理论是引导出怎样的一种状态来超越三种复杂性的，对此，奥托博士已经身体力行。

那就是"**集体领导力**"（Collective Leadership）。一开始听到这个名词，不仅感到陌生，还无法用直觉来理解。说实话，我感觉这只不过就是"聪明的学者在提倡一种与众不同的领导力概念"，或者进一步说，误以为这是与荣格的集体无意识相关联的概念，是通过获取集体无意识而发挥出的领导力。

在没有理解集体领导力本质的情况下，随着对 U 型理论的深入学习，人们产生了大量起因于全球范围内的依存关系而产生的高度复杂性问题，并意识它这非常难以解决。与此同时，人们意识到，资源是有限的却以无限的增长为目标并加速增长的资本主义，以及容易陷入局部最优化和决策不完整的现有的政治体制，不仅不能有效地解决这些问题，反而会将其引入快速破灭这一现实。奥托博士指出，对这些旧态如故的系统听之任之的话将毫无作用。人们知道得越清楚，就越意识到三个复杂性造成的不可收拾的结果这一严峻的现实；也会想到，这不是什么 U 型理论问题就可以解决的，它没这么简单。

在指出现存体制如何达到了其极限的同时，奥托博士还让我们感受到了，他对于社交媒体存在的巨大可能性所持有的期待。他指出，不仅气候变化这一全球化问题是人类出现以来所面对的问题，整个地球都被互联网所连接，以社交媒体的形式被连接在一起这一事实对人类来说也是前所未有的，而这也意味着某种意义或者可能性。

听到这些，我起初认为这不过是想当然的，根本不认为社交媒体有解决如此之高复杂性问题的头绪。可是由于一个契机，我终于看清了奥托博士观点的意义，以及集体领导力的本质所在。这是此前所没能感受到的 U 型理论的可能性之门被打开的瞬间。

这个契机就是当我看到东日本大地震灾害时发生福岛第一核电站辐射事故后，星火燎原般扩展开"节电行动"的时候。那场地震灾害发生的时候，可以毫不过分地说，日本以致整个世界都降到了 U 的底部。虽然在知识上明白海啸会带来巨大损失，但还是没有想到竟然会带来如此巨大的损失，远远超出想象的画面和核电站爆炸的场景，一定震撼了每个人并使每个人都到达了强烈的"观察"状态。

同时，切尔诺贝利级别的核电站事故不仅对居住在东日本的人们呈现出一种复杂性的巨大屏障，也使其他地方的人们亲身感受到了在不久的将来可能遭遇到的"现在，就在那儿的危机"，到达了强烈的"感知"阶段。

在这种紧急事态下，"节电行动"以异乎寻常的速度传播开来。这是以往媒体和政府主导的、中央集权式的作为所无法企及的速度，甚至看上去象征着权力的各种机关被推动追随着去进行"节电行动"。开始这种"节电行动"的是以推特为首的社交媒体。有谁提议了一声"我们开始八州作战行动（YASHIMA）吧"，这一口号迅速在网络上得到响应，以年轻人为中心传播开来。人们宣称"我也参加八州作战行动"，然后积极尝试"节电行动"。有的人还制作宣传广告，在商店、街道上张贴，有时还一家家地访问商铺，拜托他们参加"节电行动"。

这个"八州作战行动"是漫画《新世纪福音战士》里面一个作战行动的名称。一个主人公为了打败被称作"使徒"的敌人，让全日本停电，把电力集中到福音战士的武器中，最终取得了战斗的胜利。"八州作战行动"

被作为"通过停电克服困难局面的象征",与以推特为首的社交媒体的结合,使得"节电行动"成为可能。套用 U 型理论来看,"八州作战行动"这一词语是结晶化了的"愿景和意图"。各种各样"节电行动"的行为也可以说是连接今后实践的原型设计。我认为如果没有因海啸和核电站事故引起的强烈的社会土壤的变化,"八州作战行动"这一词语,以及年轻人的能量之间的配合,就不会出现这样的动向。如果没有主要媒体和政府的呼吁,传播速度就会更慢一些。看到这一连串的动向,我才体会到了奥托博士从社交媒体上看到了怎样的可能性,并且实际感知到了"集体领导力"到底意味着什么。

奥托博士认为,对于全球化覆盖的高复杂性问题,特定的某个人或者机关主导的中央集权式的方式是无法解决的。超越谁是领导者、谁是追随者这样的机制,通过开放的思维、开放的心灵、开放的意志,谁都有可能作为领导者整合力量,正是这样发挥出集体的领导。如果不是这样,就看不到解决三个复杂性问题的头绪。U 型理论就是作为一项使之成为可能的社会技术而存在的。

多方面社会力量的偶然相重叠,完成了一个 U 型过程。我的感受是,社交媒体的能量孕育出的"节电行动"集体领导行为,正是我们今后应该努力实现的可能性的象征。我相信,集体领导力不是交给海啸和核电站事故这样的悲剧和事件的偶然性起因,而是要有意识地发起。这才是 U 型理论被孕育出的理由及其所显示出的可能性。

2. 作为社会性生成技术的 U 型理论

奥托博士认为,U 型理论是一门引发社会性生成的技术。生成是指部分性质的单纯总和,所无法表现出来的性质,而作为整体表现出来。这样的思考方式是，通过对局部的多个相互作用的组织化，构成一个从个别要素的表现无法预测的系统。参与《新世纪福音战士》制作的人，没有任何一个人可以预见到自己创作的"八州作战行动"这一词语，可以成为不久的将来拯救日本危机的一个尝试。呼吁"八州作战行动"的无名人士，大概也没有想到这竟然会成为席卷整个日本的一场运动。可以说，像这样不止步于每个单个行动的单纯总和的事物的出现，就是生成，而这又通过 U 型过程得到加速。如果人类更加有意识地，把 U 型理论作为新的方法论加以实践，相信可以给未来留下过去世纪的延长线上所没有的可能性。

我经常被问道："如果用一句话来概括，U 型理论是什么？"为了使得自己的表述容易理解，我回答："U 型理论是使得创新在个人、团队、组织及社会层面出现的技术。"可是，如果不做语言上的选择，我一定会毫不犹豫地这样回答：

"U 型理论是人类的希望。"

真心希望通过本书可以使更多的人有机会接触到 U 型理论。

衷心感谢

我首次接触到 U 型理论是在 2005 年，翻译出版《U 型理论》（奥托·夏莫著，英治出版社）是在 2010 年。2014 年，本书日文版出版（中文译本于2017 年出版——编辑注）。不可否认，岁月如梭，大约八年的时间感觉是有些太长了。如果要问怎么会用了这么长的时间呢？确实，这是一个难以回答的问题。只能说，"结果就是用了这么长的时间"。不仅如此，原定 250页的书，内容越来越多，最后竟超过了 400 页。作为一本入门书，其实应该写得更加简洁、易懂。但是为了使 U 型理论更加容易理解、简单易行，我在书中加入了所有现在可能提供的真实性的事例、趣闻逸事以及适合个人、团队、组织的实践手法，结果就成了这样一本大部头的书。

这本耗费八年的光阴，竭尽全力写成的书，会让读者见笑鄙人的才干和能力，但其中有很多八年前甚至三年前自己都未能掌握的学问，甚至没法表达的趣闻逸事，当时是没有这种积累能献给对 U 型理论一无所知的初学者朋友的。

不仅如此，对我自身而言，执笔本书的过程，也是一个经历 U 底的体验过程。执笔后大约半年的那段时间，真的是状况百出，茫然无措，那是一段艰辛之路。在此过程中，虽然是后知后觉，但我还是痛彻地领悟到，为人和组织的变革助力的自身工作，绝非靠一己之力就可以做到的。我对于把有关 U 型理论引导的一切都交给我的组织的负责人非常感激。这种感激当然是对于这份信赖的感谢。毫不夸张地说，也是对于他们为了改变组织和社会而克服恐惧、勇于实践的姿态的敬佩。当然，不仅是工作上，这八年，有很多人和我并肩努力。这已经超出了执笔、出版的范畴，感激之情，难以言表。本书也是很多人的关注和支持的一个证明。

U 型理论本身是奥托博士发明的，但由于这个理论植根于"我是谁""所谓的人、组织、社团到底做什么"这一类根本性问题，因此如果没有大量和人的接触，就绝不会有本书的面世。

对于这一次次的亲密合作和宝贵的支持，我愿借此机会表达衷心的谢意。

为我的原稿义务审稿的奥元绚子女士、北垣武文先生、金明华先生、楠见晴树先生、松浦敬先生、森本均先生，为本书实例公开提供信息帮助的巴塔哥尼亚日本分公司社长辻井隆行先生、株式会社 BENESSE CORPORATION 的村上久乃女士，在解决方案方面提供帮助的株式会社 HUMAN VALUE 的兼清俊光先生、出版《U 型理论》的英治出版社原田英治社长和高野达成先生，正因为有了他们的大力协助，我才完成了这样一本著作，真的非常感谢。

与我同样有志于书中 U 型理论的普及并正为之努力的 SOCIAL FIELD CULTIVATORS 的各位、MISSION POSSIBLE GAME 普及委员会的各位、DIALOGUE U 团队自由播音员末吉里花小姐以及巴塔哥尼亚大崎店员工的各位，正是你们的支持，我才能一直坚持传播 U 型理论及其相关的活动，真的非常感谢。

在基于 U 型理论的讲故事和对话活动"DIALOGUE U"及其前身"U 型理论故事会"中作为讲演者出演的有限会社 DREAM COACH.COM 的吉田典生先生、特定非营利活动法人日本纷争预防中心的濑谷留美子女士、株式会社 INNER RISE 53 的富田欣和先生、撰稿人大熊一夫先生、面白法人 KAYAC 的柳泽大辅先生、株式会社 SEPTENI HOLDINGS 的佐藤光纪先生、世界银行前副总裁西水美惠子女士、湘南 BELLMARE 主教练曹贵裁先生、PEOPLE TREE 代表的 Safia Minnie 先生、雅虎株式会社的宫坂学先生、HASUNA 公司的白木夏子小姐、株式会社 SPACE PORT 的上田壮一先生、株式会社吉卜力工作室的铃木敏夫先生，不仅由于你们的演出，还有你们对于自身生活中故事的开放和分享，才得以为观众带来感动和感悟，真的非常感谢。

也得到了实践 U 型理论的高管教练以及组织发展、人才发展人员的大量支持。

独立以后一直给予敝公司大力支持的 FURYU 株式会社的各位，作为敝公司客户，承诺将平常讲座中的公司名称和事例公开的株式会社 PDC 的田岛俊一社长、株式会社 POLA 组织扩充部的大城心先生、原由美子小姐、株式会社 FUTURE SCOOP 的富永政雄社长、中外制药株式会社常勤监查役的三轮光太郎先生、株式会社的执行董事松由美子女士、木村峰征先生、巴塔哥尼亚日本分公司的各位，U 型理论的内容及其效果在事前是难以有说服力的，这点多亏了各位公开了公司名称和事例，各位的协助和美言才使得我有了向更大贡献挑战的机会，真的非常感谢。

作为生意上的伙伴、作为同人提供无限支持和机会的株式会社野村综合研究所的永井恒男先生以及 IDELEA 团队的各位、株式会社 DOORS 的森田英一先生、专业教练关京子女士、田中信先生、桥本博季先生、岛崎湖先生、JALAN 研究中心的三田爱女士对我寄予了极大的期待，并默默给予了极大帮助，提供了很多机会，真的非常感谢。

经常对我提供内心的支持，在作为一个人的成长和作为一个专业人士的学习过程中给予很大支持的日本 PROCESS WORK CENTER 的横山十祉子女士、桑原香苗女士、株式会社 QUALIA 的荒金雅子女士、有限会社 CHANGE ARGENT 的小田理一郎先生、LAND MARK WORLDWIDE 株式会社的上野高稔先生、株式会社 CTI JAPAN 的山田博先生、株式会社 CRR JAPAN 的森川有理先生、株式会社一心的千田利幸先生，正是因为有了你们深情的指导和支持，以及作为引领者做出的榜样，才有今天作为一个人和作为一个专业人士的我。

作为无可替代伙伴一直给予我大力支持的一般社团法人 PRESENSING INSTITUTE COMMUNITY JAPAN 代表的由佐美加子女士、AUTHENTIC WORKS 株式会社的古江强先生，如果没有这两位，我就不会有在日本继续传播 U 型理论的决心。今后仍然要请多加关照。

对于无拘无束，总是按照自己的节奏行事的我给予发自内心的爱，为我加油鼓劲的由佐家的各位，爱妻美加子和我的儿子阳太，以及远在广岛关注着我的父母、兄长、嫂子、弟妹、侄女里奈，正是有了你们大家无限的爱，我才能走自己的路，真的非常感谢。

最后，与初次执笔尚不习惯的我相处时，态度诚恳认真细致的 PHP 编辑部的石井高弘先生，到出版本书为止和石井先生一道走过的这段路程，我一生难忘，真的非常感谢。

中土井　僚

2013 年 12 月

反侵权盗版声明

　　电子工业出版社依法对本作品享有专有出版权。任何未经权利人书面许可，复制、销售或通过信息网络传播本作品的行为；歪曲、篡改、剽窃本作品的行为，均违反《中华人民共和国著作权法》，其行为人应承担相应的民事责任和行政责任，构成犯罪的，将被依法追究刑事责任。

　　为了维护市场秩序，保护权利人的合法权益，我社将依法查处和打击侵权盗版的单位和个人。欢迎社会各界人士积极举报侵权盗版行为，本社将奖励举报有功人员，并保证举报人的信息不被泄露。

举报电话：（010）88254396；（010）88258888

传　　真：（010）88254397

E-mail：　dbqq@phei.com.cn

通信地址：北京市万寿路 173 信箱

　　　　　电子工业出版社总编办公室

邮　　编：100036